O alísio ao chegar ao Nordeste
baixa em coqueirais, canaviais;
cursando as folhas laminadas,
se afia em peixeiras, punhais

João Cabral de Melo Neto
A escola das facas
Auto do frade

ALFAGUARA

Sumário

9   Idéias fixas, idéias movediças, Carlito Azevedo

23 A ESCOLA DAS FACAS (1975-1980)

27 *O que se diz ao editor a propósito de poemas*
29 Menino de engenho
30 Horácio
32 Duelo à pernambucana
33 A voz do canavial
34 *A pedra do reino*
36 O Engenho Moreno
37 Antonio de Moraes Silva
39 Fotografia do Engenho Timbó
40 Forte de Orange, Itamaracá
41 Descrição de Pernambuco como um trampolim
46 O fogo no canavial
47 A voz do coqueiral
48 Cento-e-Sete
50 A escola das facas
51 Chuvas do Recife

53	Olinda *revisited*
55	As frutas de Pernambuco
56	Barra do Sirinhaém
58	Imitação de Cícero Dias
59	A cana-de-açúcar menina
60	Tio e sobrinho
63	As facas pernambucanas
65	O Teatro Santa Isabel do Recife
66	A Carlos Pena Filho
68	Autobiografia de um só dia
70	Abreu e Lima
71	Na morte de Joaquim Cardozo
72	Vicente Yáñez Pinzón
74	Prosas da maré na Jaqueira
79	A cana e o século dezoito
80	Moenda de usina
82	Pratos rasos
83	Descoberta da literatura
85	Um poeta pernambucano
87	Siá Maria Boca-de-Cravo
88	Ao novo Recife
89	Olinda em Paris
91	Joaquim Cardozo na Europa
92	Dois poemas de Paudalho
94	O mercado a que os rios
97	Cais pescador
98	A imaginação do pouco
100	De volta ao Cabo de Santo Agostinho
101	Autocrítica
103	AUTO DO FRADE

179　APÊNDICES

181　Cronologia
184　Bibliografia do autor
188　Bibliografia selecionada sobre o autor
192　Índice de títulos
194　Índice de primeiros versos

Idéias fixas, idéias movediças

> *"Cuidado, cirurgião,*
> *Com tua faca afiada!*
> *Sob a pele pulsa a Vida —*
> *A grande Culpada!"*
>
> Emily Dickinson
> (Tradução de Paulo Henriques Britto)

João Cabral de Melo Neto nasceu em 1920, no Recife. Estudou no Colégio Marista, cujas latrinas e teologia imortalizou em dois cáusticos poemas do livro *Agrestes*, de 1985. Foi campeão juvenil de futebol, vocação logo abortada, mas que deixou um rastro singular: João Cabral é o poeta brasileiro que mais brilhantemente tematizou o futebol, em poemas hoje clássicos como "Ademir da Guia", "De um jogador brasileiro a um técnico espanhol" ou "Brasil 4 X Argentina 0". Às vezes imagino que os dois versos de abertura de "O torcedor do América F. C.", "O desábito de vencer/ não cria o calo da vitória" (do livro *Museu de tudo*, de 1975), poderiam alcançar a glória e o anonimato de virar um dito popular, como aquele imortal e anônimo "com estes olhos que a terra um dia há de comer" que fez o jovem Paulo Rónai, ainda na Hungria, sonhar em conhecer seu shakespeariano autor quando chegasse ao Brasil.

Outro dado, talvez mais importante: a darmos crédito ao que se vai ler neste *A escola das facas*, João Cabral descobriu a literatura (ou ao menos seus riscos) através dos folhetos de cordel que os trabalhadores do engenho de seu pai lhe traziam das feiras nordestinas nos finais de semana, pedindo-lhe que os lesse e explicasse. O que fazia de bom grado, ou pelo menos fez até ser denunciado aos pais na casa-grande. Afinal, como podia o filho de um senhor de engenho misturar-se "na moita morta" com aquela ralé dos cassacos e ainda se dar "ao desplante/ de ler letra analfabeta" na linguagem dos cegos violeiros das feiras, "muitas vezes meliantes"? (Ver poema "Descoberta da literatura".)

Com a literatura, João Cabral descobriu o dom envenenado que ela traz. Ali viu brotar pela primeira vez a flor da delação, cujo perfume tornaria a encontrar ao menos uma vez mais ao longo de sua vida e trajetória literária.

Quando publicado, em 1980, *A escola das facas* não deixou de causar certa inquietação. Como o poeta, menos afeito a se expor em seus poemas, que neles só se dizia pouco e de viés (pelo viés das coisas, preferencialmente), o que mais próximo chegou, entre nós, do ideal mallarmeano da "desaparição elocutória do poeta, que cede a iniciativa às palavras", como tal poeta se apresentaria em um livro de cunho memorialista? Seria compatível semelhante projeto com a insistência do poeta na "anulação da subjetividade"?

E note-se que, além do mais, a voga memorialista do momento, incentivada entre outras coisas pelo *boom* das "memórias recentes" dos exilados políticos que, com a anistia, voltavam ao país, recuperavam seus direitos políticos e tratavam de recontar a história mal contada dos anos 60 e 70, com singular sucesso de vendas, era antes uma trilha mais batida e deslizante do que a estrada pedregosa e sobressaltante a que Cabral nos acostumara.

É certo que a crítica mais atenta já apontara havia algum tempo que, ao lado das "idéias fixas" do poeta (o antilirismo, a antimusicalidade, o horror ao vago e ao derramamento, o gosto pelo claro, pelo mineral, pelo contundente, pelo seco, pela lucidez, pelo "dar a ver", pelas coisas concretas, sua crítica aos estados de alma mórbida e ao sentimentalismo etc.), toda uma nebulosa de idéias intrusas, intrusivas ou móveis fazia aparição. Não no sentido de um poeta que fosse meramente contraditório, mas sim no de um poeta ainda mais complexo, exigindo leitura mais arguta. A crítica Marta Peixoto falará, a partir da publicação de *Museu de tudo* e *A escola das facas*, em "retração do construtivismo denso de *A educação pela pedra*", livro de 1966, e no ressurgimento do "pólo reprimido da composição cabralina — a poesia como ser vivo, voluntarioso e alheio ao controle do poeta — que ameaça a criação racional". Em especial neste *A escola das facas*, o leitor que não tivesse essa compreensão correria o risco de ver conformismo onde há, possivelmente, ousadia.

A ousadia que há em enfrentar o reprimido, e que não há em entregar-se a ele.

Pois de fato o volume veio com certo acirramento do que em João Cabral é conflituoso, ambíguo. Em poemas que encontrariam lugar na mais exigente antologia do poeta (como o já citado "Descoberta da literatura", "Prosas da maré na Jaqueira", "Forte de Orange, Itamaracá", "Descrição de Pernambuco como um trampolim", "Autobiografia de um só dia" etc.), Cabral parece disposto a transformar esse enfrentamento com o "eu" num questionamento da própria idéia de identidade, esse "princípio segundo o qual uma coisa é sempre idêntica a si mesma". Mais do que um *idem*, Cabral se sabe e se confessa aqui um feixe de tensões.

Os primeiros sinais do volume, verdadeiras pistas falsas ou falsas pistas verdadeiras, apontam para um arrefecimento do rigor antilírico, para uma abertura maior a outros padrões. Na epígrafe do volume, nada do mallarmeano "solidão, recife, estrela" de *A pedra do sono*, muito menos da "máquina de emocionar" de *O engenheiro* ou do "rigoroso horizonte" de *Psicologia da composição*. Aqui, acopladas a uma simples dedicatória, "A meus irmãos", lêem-se as belas palavras de W. B. Yeats, "enraizados em um querido, eterno lugar", quase compondo, mais do que uma epígrafe, uma legenda para a dedicatória. Legenda para foto de álbum de família.

No poema de abertura do livro (que de certa forma, como se verá, está "fora do livro"), "*O que se diz ao editor a propósito de poemas*", encontramos outra pista (falsa? verdadeira?). A referência convocada aqui, no pórtico do novo volume, é o poeta vidente, o passante meteórico que pregava não a educação dos cinco sentidos, mas sim o desregramento de todos eles, a embriaguez libertadora dos limites sufocantes da razão cega, o juvenilíssimo Arthur Rimbaud, em cujo poema "O que se diz ao poeta a propósito de flores" João Cabral foi buscar não apenas um título, mas a mesma postura irônica quanto à pretensão da sociedade moderna ou do poeta de domesticar a poesia:

Poema nenhum se autonomiza
no primeiro ditar-se, esboçado,
nem no construí-lo, *nem no passar-se*
a limpo do datilografá-lo.

O destaque em "nem no construí-lo" é meu, e quer acentuar este momento em que o ato, sempre positivado em João Cabral, da "construção", do "construir", recebe aqui um grão de sal, uma dúvida, uma desconfiança. O poeta francês Michel Deguy usa a bela imagem do patinador que, deslizando sobre um lago congelado, escuta subitamente o estalido do gelo se partindo, para figurar o momento do "des", momento rico e inevitável na trajetória dos melhores poetas. É quando o que era confiança vira *des*-confiança, o que era equilíbrio vira *des*-equilíbrio, quando o que estava estabilizado parece *des*-estabilizar-se. João Cabral, que já passara brilhantemente por essa prova de fogo em *Psicologia da composição* (1947), virada sensacional em sua poesia, realizada quando o autor tinha apenas 27 anos, torna a colocar sob suspeita suas crenças na possibilidade de dominar esse "cavalo/ solto, que é louco", entrevisto pela primeira vez na "Fábula de Anfion" e que neste limiar de um novo livro volta a cavalgar:

Um poema é sempre como um câncer:
que química, cobalto, indivíduo
parou os pés desse potro solto?
Só o mumificá-lo, pô-lo em livro.

O mínimo que se pode dizer é que aqui nos encontramos numa região movediça ou reprimida do poeta que dizia saber que um poema estava terminado quando ouvia um "clique" de estojo se fechando. Se nos anos 50 o poeta aprendera, vendo o toureiro manolete, a domar a explosão, algumas décadas depois, talvez por sentir que a mão ficou "demasiado sábia", talvez por querer observar o fenômeno poético a partir de outro postigo possível (o que é mais, e não menos, desafiante), se impõe uma nova dificuldade.

A poética de João Cabral, muita gente já notou, é mais conflituosa do que anuncia, à primeira vista, a exemplaridade do seu jogo mais explícito de aversões e adesões. Como dissemos, o poeta se sabe um feixe de tensões, as tensões possíveis, por exemplo, entre o antigo verso de Terêncio: "Sou humano. Nada do que é humano me é estranho", e o projeto utópico do poeta russo Velimir Khlebnikov, para quem, em dado momento de sua trajetória, o construtivismo deveria ser "um grande ferro de engomar sobre as rugosidades do humano".

Rugosidades que, apesar de humanas, demasiado humanas, nos seriam estranhas?

Ferro de engomar que pode receber outras figurações. Já o poeta T. S. Eliot ironizava Matthew Arnold por crer que "as idéias são uma espécie de loção para a pele inflamada da humanidade sofredora". Em extraordinários poemas, Cabral vai figurá-lo com a pintura de Mondrian e o comprimido de aspirina:

> então só essa pintura
> de que foste capaz
> apaga as equimoses
> que a carne da alma traz

("No centenário de Mondrian", em: *Museu de tudo*);

> A toda hora em que se necessita dele [*o sol de um comprimido de aspirina*]
>   levanta e vem (sempre num claro dia):
>   acende, para secar a aniagem da alma,
>   quará-la, em linhos de um meio-dia.

("Num monumento à aspirina", em: *A educação pela pedra*).

Por que só essa alma sem manchas, solar e saudável pode, na folha em branco, erguer "um muro contra uma loucura que, o leitor percebe, lateja sob a construção", como sugeriu o poeta Ferreira Gullar? Hipótese que parece ser confirmada quando até o álcool ganha propriedades inesperadamente positivas para o poeta da lucidez:

> Só álcool dessa garrafa
> pode o vinagre e o ferrão
> para a alma toda murcha
> na pose fetal do não,

("Um *decanter*", em: *Museu de tudo*).

Álcool positivado porque estranhamente não embriaga nem embacia, mas desperta e dá lucidez. Álcool também positivado, neste *A escola das facas,* no poema "Horácio", no qual João Cabral faz coro com o Manuel Bandeira de "Poética", que se dizia "Farto do lirismo comedido/ Do lirismo bem comportado/ Do lirismo funcionário público", mas ainda interessado no "lirismo dos bêbados/ O lirismo difícil e pungente dos bêbados".

Horácio, bêbado do tempo de infância do poeta, possuía doses suficientes desse lirismo para fazer Cabral falar na "alma de passarinho/ que em suas veias cantava". O mesmo Cabral que, nos anos 50, no poema *"A palo seco"*, do livro *Quaderna,* expulsara, do cantar, do canto e do *cante,* por excessivamente sentimentais, o pássaro e o bosque ("*A palo seco* canta/ o pássaro sem bosque,/ por exemplo: pousado/ sobre um fio de cobre;// *a palo seco* canta/ ainda melhor esse fio/ quando sem qualquer pássaro/ dá o seu assovio.").

O que fica claro é que o poeta que não se diz, ou melhor, só se diz pelo viés das coisas, resolveu dizer-se pelo viés de *outras coisas, mais coisas*. O que não quer dizer conformismo ou arrependimento, e sim exploração do até então menos privilegiado pólo de uma tensão desde sempre existente. O poeta se complexifica e complexifica o trabalho de desvendamento e apreensão de sua idéia do fazer poético.

Assim é que em "Menino de engenho", de *A escola das facas,* poema que narra um acidente infantil, quando o "gume de uma cana" quase cegou o poeta, o processo de "transferência de qualidades", típico em Cabral, não veio de um paciente desenrolar do fio da atenção, mas de lance raro, do acaso, do acidental. A foice corta a cana e lhe transfere qualidades de foice; a cana-foice, por sua vez, corta o menino e lhe transfere qualidades de cana-foice.

Assim é que o sertão da seca, do pouco, do duro, no elogio a Ariano Suassuna, em outro poema de *A escola das facas*, "A Pedra do Reino", recebe uma nova descrição, em rico, em mágico, até feérico: "Foi bom saber-se que o Sertão/ não só fala a língua do *não.*/(...)/ Tu, que conviveste o Sertão/ quando no sim esquece o não,// e sabes seu viver ambíguo,/ vestido de sola e de mitos,/(...)/ Sertanejo, nos explicaste/ como gente à beira do quase,// que habita caatingas sem mel,/ cria os romances de cordel:// o espaço mágico e feérico,/ sem o imediato e o famélico."

Assim é que em "O Engenho Moreno", da construção "medida até o milimétrico" se diz que é "fria de nosso afeto". É fato que o pólo positivo e mais explicitado da construção e da atenção, das "idéias fixas" para resumir, também está presente no livro, e em poemas fundamentais como "Prosas da maré na Jaqueira", poema que, por outro lado, em sua sutil meditação sobre o tempo e o espaço, alcança o conhecimento de uma relativização de que não escapariam certezas muito absolutas: "Em se mostrar como espaço/ ou mostrar que o espaço tem/ o tempo dentro de si,/ que eles são dois e ninguém?"

Leia-se a propósito o poema "De volta ao Cabo de Santo Agostinho", texto que praticamente fecha o livro (já que o real último poema, "Autocrítica", cumpre função semelhante ao poema de abertura e está, tematicamente, tanto quanto aquele, um tanto "fora do livro"), em que João Cabral põe em dúvida até seu dispositivo favorito, uma de suas "idéias fixas", o "dar a ver". Ao falar de sua volta a Pernambuco, diz-nos que sentiu que a luz dali, terra de mais luz da terra, já não despertava, e que, se ainda produzia as facas mais vivas, agora iluminava um poeta "menos crítico". Sugere ainda no poema "a inutilidade/ de ter dado a ver". Final amargo logo corrigido pelo citado "Autocrítica", título que desse ponto de vista ganha novo sentido, quase o de uma palinódia (poema que contradiz outro). Ali se trata de reafirmar o gosto pelo desafio, pelo dar a ver, pelas idéias fixas, contra a intrusão das idéias desestabilizadoras:

> desafio demente: em verso
> dar a ver Sertão e Sevilha.

Se o poema de abertura era o que mais claramente abalava as pretensões otimistas do "compromisso", esta "Autocrítica" o reafirma exemplarmente.

*

Seu livro seguinte, *Auto do frade*, também reunido neste volume, confirma essa crença recuperada na luz que desperta, na geometria que organiza a vida, na inutilidade de dar a ver, que é sempre mais difícil do que a inutilidade de não dar a ver. Retomando a experiência do poema dramático, que já experimentara em *Morte e vida severina*, Cabral produz um cine-teatro que narra as últimas horas da vida do revolucionário Frei Caneca, condenado à forca pelo Império por suas idéias republicanas. Aqui ouviremos as vozes da "gente nas calçadas", do clero, da tropa, da justiça, dos oficiais, do meirinho, que narram quase sempre as indicações de cena e as reações à execução do Frei:

— Que ninguém se aproxime dele.
Ele é um réu condenado à morte.
Foi contra Sua Majestade,
contra a ordem, tudo que é nobre.
Republicano, ele não quis
obedecer ordens da Corte.
Separatista, pretendeu
dar o Norte à gente do Norte.

Mas as grandes falas do auto, aquelas em que pelo viés do personagem podemos flagrar os principais ideais do próprio João Cabral, são as de Frei Caneca, o homem de fé que se interessou por uma erudição que não excluía — muito ao contrário — a geometria. Esse anseio por luzes aparece já no claro-escuro da cena de abertura do poema, quando Caneca está preso numa cela sem qualquer luz, em total escuridão. Quando sai da cela para a rua, para essa espécie de procissão que o leva da cela para a forca, ele sente a alegria de sair de dentro de si, como talvez Cabral ao abandonar o mergulho autobiográfico do livro anterior:

— Acordo fora de mim
como há tempos não fazia.
Acordo claro, de todo,
acordo com toda a vida,
com todos cinco sentidos

> e sobretudo com a vista
> que dentro dessa prisão
> para mim não existia.

Ficar dentro de si, diz ele, é viver uma "vida apodrecida". Agora, novamente são as "coisas ao redor" que nos acordam para a vida. Recife e Nordeste voltam a ser "gramática e geometria". A cidade sonhada por Caneca é "uma cidade solar", pois, — diz, ainda:

> o sol me deu a idéia
> de um mundo claro algum dia.

Não se vê mais diferença "entre a justeza e a justiça".

Destaque-se um processo antiilusionista de João Cabral neste *Auto do frade*. Apesar de a morte de Caneca ter ocorrido em 1825, há várias e propositais menções no texto a acontecimentos que só viriam à luz bem mais tarde. Na fala do próprio Frei Caneca serão feitas referências à poeta portuguesa Sophia de Mello Breyner, um dos grandes nomes do século XX português, que em belíssimo poema dedicado a João Cabral já se referia às "secretas luas ferozes/ quebrando sóis de evidência". Caneca/Cabral mencionará ainda as obras dos artistas plásticos Brancusi e Malevich.

A desesperança de "De volta ao Cabo de Santo Agostinho" desaparece de cena, e ressurge o *compromisso* cabralino com a energia utópica dos revolucionários, tão poderosa que chega a considerar com certa magnanimidade suas instabilidades, por ora deixadas para trás:

Debaixo dessa luz crua,
sob um sol que cai de cima
e é justo até com talvezes
e até mesmo todavias,
quem sabe um dia virá
uma civil geometria?

                                      Carlito Azevedo

## A ESCOLA DAS FACAS
(1975-1980)

A meus irmãos

rooted in one dear, perpetual place.
W. B. YEATS

O que se diz ao editor
a propósito de poemas

A José Olympio e Daniel

Eis mais um livro (fio que o último)
de um incurável pernambucano;
se programam ainda publicá-lo,
digam-me, que com pouco o embalsamo.

É preciso logo embalsamá-lo:
enquanto ele me conviva, vivo,
está sujeito a cortes, enxertos:
terminará amputado do fígado,

terminará ganhando outro pâncreas;
e se o pulmão não pode outro estilo
(esta dicção de tosse e gagueira),
me esgota, vivo em mim, livro-umbigo.

Poema nenhum se autonomiza
no primeiro ditar-se, esboçado,
nem no construí-lo, nem no passar-se
a limpo do datilografá-lo.

Um poema é o que há de mais instável:
ele se multiplica e divide,
se pratica as quatro operações
enquanto em nós e de nós existe.

Um poema é sempre como um câncer:
que química, cobalto, indivíduo
parou os pés desse potro solto?
Só o mumificá-lo, pô-lo em livro.

Menino de engenho

A cana cortada é uma foice.
Cortada num ângulo agudo,
ganha o gume afiado da foice
que a corta em foice, um dar-se mútuo.

Menino, o gume de uma cana
cortou-me ao quase de cegar-me,
e uma cicatriz, que não guardo,
soube dentro de mim guardar-se.

A cicatriz não tenho mais;
o inoculado, tenho ainda;
nunca soube é se o inoculado
(então) é vírus ou vacina.

Horácio

A Otávio de Freitas Júnior

O bêbado cabal.
Quando nós, de meninos,
vivemos a doença
de criar passarinhos,

e as férias acabadas
o horrível outra-vez
do colégio nos pôs
na rotina de rês,

deixamos com Horácio
um dinheiro menino
que pudesse manter
em vida os passarinhos.

Poucos dias depois
as gaiolas sem língua
eram tumbas aéreas
de morte nordestina.

Horácio não comprara
alpiste; e tocar na água
gratuita, para os cochos,
certo lhe repugnava.

Gastou o que do alpiste
com o alpiste-cachaça,
alma do passarinho
que em suas veias cantava.

Duelo à pernambucana
(creio que de uso perdido)

Já não há mais sair da morte
uma vez que foi decidida,
uma vez fechadas as paredes
de algodãozinho que vestiam.
Cada um tem a melhor foice
e a razão melhor para a briga;
juntos, constroem a própria arena,
atando-se no outro a camisa.
Não há nenhum limite à arena;
no terreiro, nem giz a indica:
é o pouco que ocupa esse abraço
do duplo homicida-suicida.
Então o duelo, entre um só corpo;
morre e mata, sem que se diga
quem é quem, e igual, quem foi quê,
na massa abraçada e inimiga.

A voz do canavial

Voz sem saliva da cigarra,
do papel seco que se amassa,

de quando se dobra o jornal:
assim canta o canavial,

ao vento que por suas folhas,
de navalha a navalha, soa,

vento que o dia e a noite toda
o folheia, e nele se esfola.

A pedra do reino

A Ariano Suassuna

1.
Foi bem saber-se que o Sertão
não só fala a língua do *não*.

Para o Brasil, ele é o Nordeste
que, quando cada seca desce,

que, quando não chove em seu reino,
segue o que algum remoto texto:

descer para a beira do mar
(que não se bebe e pouco dá).

2.
Os escritores que do Brejo,
ou que da Mata, têm o sestro

de só dar a vê-lo no pouco,
no quando em que o vê, sertão-osso.

Para o litoral, o esqueleto
é o ser, o estilo sertanejo,

que pode dar uma estrutura
ao discurso que se discursa.

3.
Tu, que conviveste o Sertão
quando no sim esquece o não,

e sabes seu viver ambíguo,
vestido de sola e de mitos,

a quem só o vê retirante,
vazio do que nele é *cante*,

nos deste a ver que nele o homem
não é só capaz de sede e fome.

4.
Sertanejo, nos explicaste
como gente à beira do quase,

que habita caatingas sem mel,
cria os romances de cordel:

o espaço mágico e feérico,
sem o imediato e o famélico,

fantástico espaço suassuna,
que ensina que o deserto funda.

O Engenho Moreno

Essa casa que hospedou,
quando veio, o Imperador,

sem saber, com sua frieza
disse nossa indiferença.

Casa-grande meteoro
caída no nosso solo:

medida até o milimétrico,
mas fria de nosso afeto.

Se o Pernambuco da época
estimasse o manso déspota,

não o levaria a Moreno
ou à Casa-grande do engenho.

Leva-lo-ia ao conchego
de São José, de seus becos,

onde *o* Recife secreto
é *a* Recife, muda o sexo.

Antonio de Moraes Silva

A Aurélio Buarque de Hollanda

Fui conhecer Muribeca,
a vila onde não morou,
mas foi termo dos engenhos
e livros que lá datou.
Nada sobra dos engenhos
que teve esse quarto avô
e é até difícil saber,
dos que tinha, ele habitou.
Do Moraes do *Dicionário*,
da cana que cultivou,
de Antonio de Moraes Silva,
do Rio-rua Ouvidor,
que preferiu Pernambuco
quando a Europa o madurou,
o que foi, de tanta terra,
o que hoje em dia sobrou,
o que a moenda do tempo
ainda não mastigou?:
O léxico em mel-de-engenho
que ao português integrou,
o pão alegre da cachaça
que decerto destilou,
a sintaxe canavial,
a prosódia de calor,

que escutou de sua rede
nos descansos de escritor.
Que teve canaviais
e de engenhos foi senhor,
basta ver o que é a vila
de Muribeca, e seu teor.
Tudo ali mostra que canas
se alastraram no arredor:
desde as igrejas cariadas
que apodrecem sem fervor,
à rua vã, boquiaberta,
babando ocioso torpor.

Fotografia do Engenho Timbó

Feita por Ivan Granville Costa

Casas-grandes quase senzalas,
como a desse Engenho Timbó,
que tenho na minha parede
(casa onde nasceu uma avó).

O tudo em volta é sempre a cana,
que sufoca tudo, como a asma
e só se abre em poucos terreiros,
guardados a ponta de faca.

A Casa-grande é menos grande
do que a estrebaria e a senzala,
do que a moita morta do engenho,
de que só resta a ruína rasa.

O que de Casa-grande havia
nesse Timbó de um Souza-Leão?
Entre urinóis, escarradeiras,
um murcho, imperial, brasão.

Forte de Orange, Itamaracá

A pedra bruta da guerra,
seu grão granítico, hirsuto,
foi toda sitiada por
erva-de-passarinho, musgo.
Junto da pedra que o tempo
rói, pingando como um pulso,
inroído, o metal canhão
parece eterno, absoluto.
Porém o pingar do tempo,
pontual, penetra tudo;
se seu pulso não se sente,
bate sempre, e pontiagudo,
e a guerrilha vegetal
no seu infiltrar-se mudo,
conta com o tempo, suas gotas
contra o ferro inútil, viúvo.
E um dia os canhões de ferro,
seu tesão vão, dedos duros,
se renderão ante o tempo
e seu discurso, ou decurso:
ele fará, com seu pingo
inestancável e surdo,
que se abracem, se penetrem,
se possuam, ferro e musgo.

Descrição de Pernambuco como um trampolim

À memória de Múcio Leão

1.
Cortaram Pernambuco
em prancha longa e estreita
no Brasil nordestino
de que era sabre e testa.
Cortado em trampolim,
os seus nativos herdam
o saltar a que incita
a mola que o entesa
e dá ao salto o impulso
que mais longe projeta,
e atira para longes
do que nele for cela.

2.
Trampolim, suas praias
atiram (são balestras),
para praias sem nada
de praia, onde só névoas;
praias de nadas brancos,
sem coqueiros, desertas,
onde habitando o que

pode ser, ou não, grécias,
a seta nunca esquece
o arco de que foi flecha,
os coqueirais que dão
sombra e música à sesta.

3.

Trampolim para tudo
foi sempre a prancha essa:
não só para o barão
que se ia ao Sul, em festas,
não só para o dinheiro
para pagar as festas
do barão, mas quaisquer
onde a Corte estivera.
Comido de cupim,
a escuras e à miséria,
tinha de lançar, onde
a Corte, cem mil velas.

4.

Hoje há dois trampolins,
que a vida é mais depressa:
o porto do Recife,
que é a prancha provecta
por onde se esvaiu
tudo o que se fizera,
e o outro, Guararapes,
que tem molas modernas:
prancha para projéteis

que o corpo calafetam
e em curvas de balística
em vertigem desfecham.

5.
E há outros trampolins,
mas de expressão interna:
jogam dentro do dentro
de quem aqui se deixa.
Os mangues, por exemplo,
lesma, sem molas, seitas,
lançam dentro de nós
nossa culpa mais negra;
e o trampolim que quando
mais o Sertão se seca,
nos joga retirantes,
a pé, sem pára-quedas.

6.
O trampolim ambíguo
duas gentes o empregam:
quem salta porque quer
ou porque o rejeitam;
e também outras duas
se servem da balestra:
a que volta e a que não,
e se finge outras terras.
(Mas essa prancha marca,
qual gado que se ferra,
em qualquer um que a salte,
cicatriz que arde, interna).

7.
Muitos homens saltaram
do trampolim de terra:
para fugir paredes
usaram a prancha aberta.
Muitos que nem podiam,
entre a pele e a véstia,
levar o de-comer
contra a fome que queima.
E se algum, sim, levava
um de nada, a moeda,
pobre e cobre, o que ardia
era o sol de uma idéia.

8.
Do trampolim se salta
e saltam quem não queira;
deram-se às vezes saltos
de cadeia a cadeia:
assim foi que saltaram
daqui Bernardo Vieira.
Em setecentos-dez
ao morrer-lhe a Veneza
de Olinda, o trampolim,
prancha só açucareira,
saltou-o até Lisboa,
a que lá apodrecera.

9.
Forma de trampolim
tem Pernambuco, e a reta
que em direção ao fora
aponta e se projeta.
Houve quem não o fez
funda para sua pedra:
daqui atirou muitas,
mas ficou Frei Caneca.
Quem mais de um trampolim
tinha a corda de besta,
a tensão, retesada,
e o *élan* nato de seta?

10.
Trampolim, Pernambuco
não somente projeta:
conservou suas praias
e as janelas abertas.
O trampolim usual
também salta às avessas:
se imóvel é uma porta
que o fermento penetra,
é oficina que ensina
a aguçar setas, pedras:
quem melhor soube usar
disso que Frei Caneca?

O fogo no canavial

A imagem mais viva do inferno.
Eis o fogo em todos seus vícios:
eis a ópera, o ódio, o energúmeno,
a voz rouca de fera em cio.

E contagioso, como outrora
foi, e hoje não é mais, o inferno:
ele se catapulta, exporta,
em brulotes de curso aéreo,

em petardos que se disparam
sem pontaria, intransitivos;
mas que queimada a palha dormem,
bêbados, curtindo seu litro.

(O inferno foi fogo de vista,
ou de palha, queimou as saias:
deixou nua a perna da cana,
despiu-a, mas sem deflorá-la.)

A voz do coqueiral

O coqueiral tem seu idioma:
não o de lâmina, é voz redonda:

é em curvas sua reza longa,
decerto aprendida das ondas,

cujo sotaque é o da sua fala,
côncava, curva, abaulada:

dicção do mar com que convive
na vida alísia do Recife.

Cento-e-Sete

A José Antonio Gonsalves de Melo

Cento-e-Sete era um agregado
do casão-avô da Jaqueira,
agregado que mesmo ignora
seu quefazer, seu quefizera.

Antes, estivador no porto,
sua matrícula, "cento-e-sete",
dispensava-o, e nos dispensava,
de dar seu nome, ou de o saber-se.

Na derradeira vez que o vi,
talvez já além dos cento e sete,
se queixava a meu primo Jarbas
de formigas que andavam nele.

Se esbofeteava todo o tempo
para esmagar as tais formigas
que lhe corriam sobre a pele
(com uma fúria para mim bíblica).

Porém Jarbas Pernambucano,
recém-doutor em medicina,
ouve-o, em Gonsalves de Melo,
cofia a barba e me confia:

as formigas são a esclerose;
não lhe andam na pele, é por dentro,
mas não lhe diga: que ele creia
morrer no Velho Testamento.

A escola das facas

O alísio ao chegar ao Nordeste
baixa em coqueirais, canaviais;
cursando as folhas laminadas,
se afia em peixeiras, punhais.

Por isso, sobrevoada a Mata,
suas mãos, antes fêmeas, redondas,
ganham a fome e o dente da faca
com que sobrevoa outras zonas.

O coqueiro e a cana lhe ensinam,
sem pedra-mó, mas faca a faca,
como voar o Agreste e o Sertão:
mão cortante e desembainhada.

Chuvas do Recife

1.
Sei que a chuva não quebra osso,
que há defesas contra seu soco.

Mas sob a chuva tropical
me sinto ante o Juízo Final,

em que não creio mas me volta
como o descreviam na escola:

mesmo se ela cai sem trovão,
demótica em sua expressão.

2.
No Recife, se a chuva chove,
a chuva é a desculpa mais nobre

para não se ir, não se fazer,
para trancar-se no não-ser.

Mais que em corda é chuva em sabres
que aprisiona o dia em grades;

e, mesmo quem tenha gazuas
da grade viva, evita a rua.

3.
A chuva nem sempre é polícia,
fechando o mundo em grades frias:

há certas chuvas aguaceiras
que não caem em grades, linheiras:

se chovem sem qualquer estilo,
se chovem montanhas, sem ritos.

São chuvas que dão cheias, trombas,
em vez de cadeia dão bombas.

4.
Há no Recife uma outra chuva
(embora rara), rala, miúda.

Não como a chuva da chuvada,
que cai, agride, e é pedra de água,

passa em peneiras esta chuva,
não traz balas, não tranca ruas:

mas faz também ficar em casa,
quem pode, antevivendo o nada.

Olinda *revisited*

Poucas cidades ainda
(sem falar nas igrejas
de úteros matriarcais
e bacias maternas)
podem dar a quem passa
a intimidade aquela
de quem vive uma casa
como outra matriz terna,
habitando paredes,
chãos de tijolo, telhas,
rebocos que respiram
anchuras, estreitezas,
mais a porosidade
das quartinhas de terra
que à água dão o gosto
do barro que nos era.
De fora de uma casa
de uma cidade dessas,
o estranho-de-mais-longe
sente a morna franqueza
que expressa sua fachada
(mesmo quando se fecha).
Hoje-em-dia em Olinda,

e não só nas igrejas,
viver-se de alma e corpo,
se pode que se veja:
se pode em qualquer casa
e contemplando-a apenas;
quem visita tal casa
não só passeia nela:
geralmente se casa
com ela, ou se amanceba.

As frutas de Pernambuco

Pernambuco, tão masculino,
que agrediu tudo, de menino,

é capaz das frutas mais fêmeas
e da femeeza mais sedenta.

São ninfomaníacas, quase,
no dissolver-se, no entregar-se,

sem nada guardar-se, de puta.
Mesmo nas ácidas, o açúcar,

é tão carnal, grosso, de corpo,
de corpo para o corpo, o coito,

que mais na cama que na mesa
seria cômodo querê-las.

Barra do Sirinhaém

1.
Se alguém se deixa, se deita,
numa praia do Nordeste,
ao sempre vento de leste,
mais que se deixa, se deita,

se se entrega inteiro ao mar,
se fecha o corpo, se isola
dentro da própria gaiola
e, menos que existe, está;

se além disso a brisa alísia
que o mar sopra (ou sopra o mar)
faça com que o coqueiral
entoe sua única sílaba:

esse alguém pode que ouvisse,
assim cortado, e vazio,
no seu só estar-se, o assovio
do tempo a fluir, seu fluir-se.

2.
Se alguém se deixa, se deita,
numa praia do Nordeste
ao sempre vento de leste;
mais que se deita, se deixa,

sente com o corpo que a terra
roda redonda em seu eixo,
pois que pode sentir mesmo
que as suas pernas se elevam,

que há um subir do horizonte,
que mais alto que a cabeça
seu corpo também se eleva,
vem sobre ele o mar mais longe.

Essas praias permitem
que o corpo sinta seu tempo,
o espaço no rodar lento,
sua vida como vertigem.

Imitação de Cícero Dias

Cícero Dias, quando foi
de Pernambuco para o Rio,
anti(e)ducado, sem prever
que o seria, itamaratício,

traçou na parede do hotel,
de onde a porta dava, uma seta,
que pela mão levava a vista da visita
à palavra MERDA.

•

Fosse possível o arrasamento,
a ampliação dos muros do quarto
numa noite conspirativa,
muito mais de um pernambucano,

imitando-o, desenharia
no céu côncavo e oco outra seta,
onde no centro-sul viajasse
um inventado cometa, o Merda.

A cana-de-açúcar menina

A cana-de-açúcar, tão pura,
se recusa, viva, a estar nua:

desde cedo, saias folhudas
milvestem-lhe a perna andaluza.

É tão andaluza em si mesma
que cresce promíscua e honesta;

cresce em noviça, sem carinhos,
sem flores, cantos, passarinhos.

Tio e sobrinho

À memória de Manoel José da Costa Filho

1.
Onde a Mata bem penteada
do trópico açucareiro,
o tio-afim, mais afim
que outros de sangue e de texto,
dava ao sobrinho menino
atenção que a um homem velho:
contava-lhe o Cariri,
a Barbalha, o Juazeiro,
a guerra deste com o Crato,
municipal, beco a beco,
o seu Ceará, seu Recife,
de onde não era, aonde veio.

2.
O sobrinho ouvia-o atento,
muito embora menineiro
e então já devorador,
se ainda não do *romancero*,
dos romances de cordel
(fôlego bom, de folheto):
lembra ainda o que ele contou
de um defunto cachaceiro

que levavam numa rede
ao cemitério padroeiro:
acordou gritando: "Água!"
e fez derramar-se o enterro.

3.

O sobrinho ouvia-o atento,
e um tanto perguntadeiro,
do Sertão que havia atrás
da Mata doce, e que cedo,
foi o mito, o misterioso,
do recifense de engenho,
mal-herdado de algum longe
parentesco caatingueiro.
Certo, a lixa de Sertão
do que faz, em pedra e seco,
muito apreendeu desse tio
do Ceará mais sertanejo.

4.

O sobrinho era sensível,
tanto quanto ao romanceiro,
à atenção que ele assim dava
ao menino sem relevo,
em quem se algo se notava
era seu tímido e guenzo,
seu contemplativo longo,
seu mais livro que brinquedo.
Aquela conversa viva,
nunca monólogo cego,

lhe dando o Sertão, seu osso,
deu-lhe o gosto do esqueleto.

5.
Essas prosas se passavam
(esse reencontrar seu tempo)
antes do almoço, voltando
dos eitos de cada engenho,
que corria em citadino,
bem mais do que em usineiro:
sempre de chapéu-do-chile,
gravata, linho escorreito.
Entre as prosas e o almoço
(Souza-Leão e usineiro),
íamos a um Madeira, abrir-lhe
o fastio sertanejo.

6.
Pois tal sobrinho acabou
vivendo nesse viveiro
onde dizem que convivem
finas mostras do estrangeiro.
Pois nunca achou a finura
do sertanejo usineiro:
a voz educada, o esbelto
porte de cana, linheiro
(como se a cana espigada
que ia correr, cavaleiro,
lhe reforçasse seu ter-se
sertanejo e cavalheiro).

As facas pernambucanas

O Brasil, qualquer Brasil,
quando fala do Nordeste,
fala da peixeira, chave
de sua sede e de sua febre.

Mas não só praia é o Nordeste,
ou o Litoral da peixeira:
também é o Sertão, o Agreste
sem rios, sem peixes, pesca.

No Agreste, e Sertão, a faca
não é a peixeira: lá,
se ignora até a carne peixe,
doce e sensual de cortar.

Não dá peixes que a peixeira
docemente corte em postas:
cavalas, perna-de-moça,
carapebas, serras, ciobas.

Lá no Agreste e no Sertão
é outra a faca que se usa:
é menos que de cortar,
é uma faca que perfura.

O couro, a carne-de-sol
não falam língua de cais:
de cegar qualquer peixeira
a sola em couro é capaz.

Esse punhal do Pajeú,
faca-de-ponta só ponta,
nada possui da peixeira:
ela é esguia e lacônica.

Se a peixeira corta e conta,
o punhal do Pajeú, reto,
quase mais bala que faca,
fala em objeto direto.

O Teatro Santa Isabel do Recife

Melhor que a música e a oratória,
teias sem nada, sem raiz,
contemplai meu cristal, cá fora,
que é para todo o corpo, e diz:

em vez das redes que lá dentro
te envolvem, dissolvem, se vão,
fica o meu mudo perfil lúcido,
cristal oposto ao fumo e ao vão.

A Carlos Pena Filho
nos vinte anos de sua morte

1.
Todos os verdes que há no verde
sabia (não mais os exerce):

tinha-os da luz de Pernambuco,
que se traz dentro como um pulso,

e pulsa mudo como o sangue,
e nas marés sem gesto o mangue,

e nos pernambucanos age
como se fosse seu sotaque.

2.
Todos os verdes desse verde
estão vivos, maduram, crescem:

do caldo-de-cana que o tempo
vai azedando e escurecendo,

aos dessas praias do Recife
que mudam segundo o arrecife,

ao verde dos sapotizeiros
que por noturno dá morcegos.

3.

Sabia o da cana quando nasce,
que é um verde lavado, de alface,

e faz-se ácido, adolescente,
que envelhece amarelamente,

no amarelo que murcha em palha
e onde, ainda núbil, se amortalha:

com medo que a dispam, se enluta
(mas a foice logo a desnuda).

4.

De tais várzeas horizontais
de estupradas, cada ano mais,

e onde o verde joga seu jogo
de ser amarelo, azul, roxo,

Pena sabia o verde base
que dava luz à sua frase,

incapaz de não ter leveza,
de não se fazer leve e acesa.

Autobiografia de um só dia

A Maria Dulce e Luiz Tavares

No Engenho do Poço não nasci:
minha mãe, na véspera de mim,

veio de lá para a Jaqueira,
que era onde, queiram ou não queiram,

os netos tinham de nascer,
no quarto-avós, frente à maré.

Ou porque chegássemos tarde
(não porque quisesse apressar-me,

e, se soubesse o que teria
de tédio à frente, abortaria)

ou porque o doutor deu-me quandos,
minha mãe, no quarto-dos-santos,

misto de santuário e capela,
lá dormiria, até que para ela

fizessem cedo no outro dia
o quarto onde os netos nasciam.

Porém em pleno Céu de gesso,
naquela madrugada mesmo,

nascemos eu e minha morte,
contra o ritual daquela Corte,

que nada de um homem sabia:
que ao nascer esperneia, grita.

Parido no quarto-dos-santos,
sem querer, nasci blasfemando,

pois são blasfêmias sangue e grito
em meio à freirice de lírios,

mesmo se explodem (gritos, sangue),
de chácara entre marés, mangues.

Abreu e Lima

Ao capitão Abreu e Lima
concederam estranha honra:
ele foi convidado a ver
fuzilar o pai, Padre Roma.

O capitão Abreu e Lima,
ante a distinção concedida,
se foi de quem a concedeu:
o rei e o vice da Bahia.

Se foi para a Venezuela,
vestir a farda de Bolívar:
não era a sua, mas pregava
uma independência com vida.

Na morte de Joaquim Cardozo

Creio que Joyce é que dizia
que a Irlanda dele se comia

comendo os filhos, como a porca
que as crias melhores devora.

Estamos tão desenvolvidos
que já podemos esse estilo

de fazer Dublin, Irlanda, Europa?
E um novo imitá-las, em porca?

Vicente Yáñez Pinzón

Ele o primeiro a vê-lo, e a vir,
(na barra do Suape) ao Brasil,

não deixou lá quandos nem ondes:
só anos depois confessou-se.

Por que aquela que então confessa
"a terra de mais luz da Terra"

não prendeu muito tempo os pés
do homem de Palos de Moguer,

Moguer, da clara Andaluzia,
caiada em Cádiz, em Sevilha?

Ele se foi só porque não?
Por ver-se na demarcação

de Portugal? ou porque aquela
luz metal, que corta e encandeia,

acabaria enceguecendo
mesmo o andaluz mais sarraceno?

Ele, talvez, nessa luz tanta
tenha pressentido a arma-branca

com que em tudo se expressaria
a gente que lá, algum dia.

Prosas da maré na Jaqueira

1.
Maré do Capibaribe,
em frente de quem nasci,
a cem metros do combate
da foz do Parnamirim.

Na história, lia de um rio
onde muito em Pernambuco,
sem saber que o rio em frente
era o próprio-quase-tudo.

Como o mar chega à Jaqueira,
e chega mais longe, até,
no dialeto da família
te chamava de "a maré".

2.
Maré do Capibaribe,
já tens de maré o estilo;
já não saltas, cabra agreste,
andas plano e comedido.

Não mais o fiapo de rio
que a seca corta e evapora:
na Jaqueira és já maré,
cadeiruda e a qualquer hora.

Teu rio, quase barbante,
a areia não o bebe mais:
é a maré que o bebe agora
(não é muito o que lhe dás).

3.
Maré do Capibaribe,
minha leitura e cinema:
não fica vazio muito
teu filme, sem nada, apenas.

Muita coisa discorria(s),
coisas de nada ou pobreza,
pelo celulóide opaco
que em sessão contínua levas.

Mais que a dos filmes de então,
carrego tuas imagens:
mais que as nos rios, depois,
mais que todas as viagens.

4.
Maré do Capibaribe,
afinal o que ensinaste
ao aluno em cujo bolso
tu pesas como uma chave?

Não sei se foi para sim
ou para não teu colégio:
o discurso de tua água
sem estrelas, rio cego,

de tua água sem azuis,
água de lama e indigente,
o pisar de elefantíase
que ao vir ao Recife aprendes.

5.
Maré do Capibaribe,
mestre monótono e mudo,
que ensinaste ao antipoeta
(além de à música ser surdo)?

Nada de métrica larga,
gilbertiana, de teu ritmo;
nem lhe ensinaste a dicção
do verso Cardozo e liso,

as teias de Carlos Pena,
o viés de Matheos de Lima.
(Para poeta do Recife
achaste faltar-lhe a língua).

6.
Maré do Capibaribe
entre a Jaqueira e Santana:
do cais, como tempo e espaço
vão de um a outro, se apanha.

O tempo se vai freando
(lago que a brisa arrepie)
o rolo de água maciça
que enche e esvazia o Recife,

até frear, todo espaço
(lago sem brisa no rosto),
frear de todo, água morta,
paralítica, de poço.

7.
Maré do Capibaribe,
estaria a lição nisso:
em se mostrar como em circo
nos quandos em equilíbrio?

Em se mostrar como espaço
ou mostrar que o espaço tem
o tempo dentro de si,
que eles são dois e ninguém?

Ou com tua aula de física
querias mostrar que o tempo
não é um fio inteiriço
mas se desfia em fragmentos?

8.
Maré do Capibaribe
na Jaqueira, onde, menino,
cresci vendo-te arrastar
o passo doente e bovino.

Rio com quem convivi,
sem saber que tal convívio,
quase uma droga, me dava
o mais ambíguo dos vícios:

dos quandos no cais em ruína
seguia teu passar denso,
veio-me o vício de ouvir
e sentir passar-me o tempo.

A cana e o século dezoito

A cana-de-açúcar, tão mais velha
que o século dezoito, é que o expressa.

A cana é pura enciclopedista,
no geométrico, no ser-de-dia,

na incapacidade de dar sombras,
mal-assombrados, coisas medonhas,

no gosto das várzeas ventiladas,
das cabeleiras bem penteadas,

de certa esbelteza linear,
porte incapaz de se desleixar,

e que vivendo em mares, anônima,
nunca se entremela como as ondas:

mas guardam a elegância pessoal,
postura e compostura formal,

muito embora exposta à devassada
luz sem pudor, sem muros, de várzea.

Moenda de usina

A Laïs e Marcelo Cabral da Costa

Clássica, a cana se renega
ante a moenda (morte) da usina:
nela, antes esbelta, linear,
chega despenteada e sem rima.
(Jogada às moendas dos bangüês,
onde em feixes de estrofes ia,
não protestava contra a morte
nem contra o que a morte seria.)
Na usina, ela cai de guindastes,
anárquica, sem simetria:
e até que as navalhas da moenda
quebrando-a, afinal, a paginam,
a cana é trovoada, troveja,
perde a elegância, a antiga linha,
estronda com o sotaque gago
de metralhadora, desvaria.
Não fossem as saias de ferro
da antemoenda que a canalizam
quebrar-lhe os ossos baralhados,
faria explodir toda a usina.
Nas moendas derradeiras tomba
já mutilada, em ordem unida:
não é mais a cana multidão

que ao tombar é povo e não fila;
ao matadouro final chega
em pelotão que se fuzila.

Pratos rasos

O prato raso que é o Recife
e o prato raso que é Sevilha.
Nela, a beirada do Alcor,
nele, Guararapes, Olinda.

Mais: ambos os pratos estão
desbeiçados do mesmo lado,
o que faz com que ambas existam
debaixo de um céu de ar lavado.

Ambas estão escancaradas
ao ar sanativo do mar:
nele, o mar está ao pé, e nela
chega em marisma, terra-mar.

Descoberta da literatura

No dia-a-dia do engenho,
toda a semana, durante,
cochichavam-me em segredo:
saiu um novo romance.
E da feira do domingo
me traziam conspirantes
para que o lesse e explicasse
um romance de barbante.
Sentados na roda morta
de um carro de boi, sem jante,
ouviam o folheto guenzo,
a seu leitor semelhante,
com as peripécias de espanto
preditas pelos feirantes.
Embora as coisas contadas
e todo o mirabolante
em nada ou pouco variassem
nos crimes, no amor, nos lances,
e soassem como sabidas
de outros folhetos migrantes,
a tensão era tão densa,
subia tão alarmante,
que o leitor que lia aquilo

como puro alto-falante,
e, sem querer, imantara
todos ali, circunstantes,
receava que confundissem
o de perto com o distante,
o ali com o espaço mágico,
seu franzino com o gigante,
e que o acabassem tomando
pelo autor imaginante
ou tivesse que afrontar
as brabezas do brigante.
(E acabariam, não fossem
contar tudo à Casa-grande:
na moita morta do engenho,
um filho-engenho, perante
cassacos do eito e de tudo,
se estava dando ao desplante
de ler letra analfabeta
de curumba, no caçanje
próprio dos cegos de feira,
muitas vezes meliantes.)

Um poeta pernambucano

1.

Natividade Saldanha
(que do Pátio de São Pedro
de Olinda, filho de padre
e mulato quase negro)

foi quem primeiro mostrou
que um poema se podia
sobre o ponche de caju,
sobre o galo-de-campina.

2.

Pernambucano apressado,
léguas à frente do então,
foi-se antes de que o Império
lhe desse decoração.

Republicano que ele era,
ministro de Vinte-e-quatro,
que grau na Ordem lhe daria?
Certo o *Colar do enforcado*.

3.
O vento, então, mais propício
a espanhas e portugais,
leva-o à "Europa de antigos
parapeitos" (e missais).

Mas, assim que se escapou
daquela Europa decrépita,
de beatas e santa-aliança,
veio a Bolívar, na América.

4.
Anos passam: só o álcool
traz-lhe o alísio do Recife,
os muxarabis de Olinda,
crer em Bolívar, sentir-se.

Numa noite em Bogotá,
de temporal terremoto,
vindo de um latim que dava,
foi-se no enxurro de um esgoto.

Siá Maria Boca-de-Cravo

Siá Maria Boca-de-Cravo,
entre o cais da Jaqueira e o rio,
passou-se a vida num mocambo
plantado num chão lama e lixo.

Negra do de onde, e desse negro
da lama com que coabitava,
tinha uma boca em carne viva,
não literal, mas cor de chaga.

Dessas mucosas reencontrei,
tantos depois, na África negra:
cravo rubro, explosão calada
que por enquanto não se expressa.

Ao novo Recife

Embora não me sinta o direito
de te dizer sim, não, dar conselho,

conto com que todo esse progresso
que derruba o onde fui (e ainda levo)

faça mais fácil o mão-a-mão
de mão a mão distribuir o pão,

e que tua gente volte ao "bom-dia"
de quando lá toda se sabia.

Olinda em Paris
(passeando com Cícero Dias)

A Mario Gibson Barboza

Na ilha antiga de São Luís,
que abre em dois o Sena em Paris,

existia um *Hotel Olinda*
(existia, não sei se ainda).

Cícero, ciceroneando
todo amigo pernambucano,

diante do hotel recomendava:
"Vem da Olinda nossa essa placa,

mas ao dono não pergunte onde
ele descobriu esse nome.

O dono próprio me contou
que com o nome o hotel comprou,

e o mantém sem querer saber
se é um quando, um donde ou um quê.

Mas se alguém pergunta ainda
por que o hotel se chama Olinda,

num só dia o fará mudar
para outro que nada dirá:

para outro insípido e vazio,
exemplo: para *Hotel do Rio*."

Joaquim Cardozo na Europa

Ele foi um dos recifenses
de menos ondes e onde mais,
que em lisboas, madrids, paris,
andou no Recife, seus cais.

Como elas todas já sabia,
não foi turista ou visitante;
não caminhou guias, programas:
viveu-as de dentro, habitante.

A guerra não o deixou andar
outras que também lhe eram íntimas,
que conhecera no Recife,
habitando-as no espaço-língua.

Confiou-me que se anda igualmente
no cais do Apolo ou nos do Sena,
que foi *na* Europa (não à Europa)
como *na* Várzea ou Madalena.

Dois poemas de Paudalho

1.
Estar agora em Paudalho,
de bruços na ponte velha
que salta o Capibaribe
(na cheia, salta sobre ela).

No verão se pode estar
na ponte velha sem risco:
o rio é pouco, e em piabas,
na areia, esfiapa seu fio.

Fio que diz todo o nada
dos ondes em que definha,
de que a cheia inverna e vã
às vezes desmente a cinza.

2.
Estar agora em Paudalho,
num casarão de azulejos,
entre textos e farmácias,
entre farmácias e textos.

Estar agora em Paudalho
seria na que lhe resta;
estar-se: estar-se em amante,
horizontal, sem a pressa

da ponte nova que a foge
porque poluída de sesta,
deixando-a dormir-se em si,
deixando quem queira, nela.

O mercado a que os rios

A Antônio Bulhões

1.
A maior praça do Recife
é o grande mercado onde os rios
arribam duas vezes por dia
em trens-sem-ferro, sem rangidos.

Como matutos ao mercado,
cada baixa-mar, cada dia,
acorrem para negociar
a pessoal mercadoria.

Cada um sobre os trilhos brandos,
acompanhados ou sozinhos:
o Jiquiá, o dos Afogados,
o Tigipió vêm em vizinhos.

Fazem caminho diferente
do Capibaribe (do Agreste)
e do Beberibe olindense,
que só chegando se conhecem.

2.

Ao chegar, pacientes se sentam,
conversam com quem comossigo,
como nos bancos dos jardins
aposentados e mendigos.

Todos, com voz grossa de terra,
se devem conversar do mesmo:
do impossível de coar sua água
do que traz de lama e despejo;

de viajar toda a planície
conservando rios seus rios,
os rios puros do olho-d'água
com que partiram de seus sítios

até a outra, a empantanada,
do mangue, sensual e mestiça,
que corrompe o rio na morna
cama de mulheres-da-vida.

3.

Falam da Inspeção de Saúde,
que (como a Alfândega racista
defende o mar milnacional
da água mulata) em nada fia.

Para ela os rios estão doentes
e os força a longas quarentenas,
porque vieram pelos mangues,
em demorada convivência,

com essa gente contagiosa
dos mocambos dos alagados:
laboratório que cultiva
vírus de tudo no seu caldo.

Depois de humilde esperar, voltam,
tenham ou não tido a boa sorte
de vender, infiltrar sua água
com a lama e o lixo de que sofre.

4.
O que distingue de outros rios,
os recifenses rios-mangues?
Como em toda grande cidade
existem os bancos de sangue,

onde gente, para viver,
ou viver que seja outro dia,
vai aos balcões para vender
o rio escondido da vida,

os rios vendem os seus rios,
o que é mais normal em sua sina.
(Passa é que esses rios daqui
não têm mais da água azul, marinha;

se vendem na água que eles criam
[que o mar devolve quase sempre],
água que o mundo de onde vem
mostra no ar de bicho indigente.)

Cais pescador

A praia de pesca do Pina
achei em Sevilha (a Barreta),
nas armas brancas pressentidas,
relâmpagos mudos, à espreita.

Onde é o Guadalquivir maneta
chega o peixe, e nas madrugadas
se ia comer pescado fresco,
tomar *cazalla,* a um ar navalha.

Do mesmo que outrora no Pina
se ia ao *Maxime* das peixadas,
mas sobretudo ao bom tempero,
magnético, das peixeiradas.

Não sei qual dos dois faz de ímã,
porque se atraem peixe e faca.
No Mercado do Bacurau,
sarapatel usa outras salsas.

A imaginação do pouco

... imaginary gardens with real toads in them...
MARIANNE MOORE

A Afonso Felix de Souza

Siá Floripes veio do Poço
para Pacoval, Dois Irmãos,
para seguir contando histórias
de dormir, a mim, meu irmão.

Sabia apenas meia dúzia
(todas de céu, mas céu de bichos);
nem precisava saber de outras:
tinha fornido o paraíso.

Os bichos eram conhecidos,
e, os que não, ela descrevia:
daqueles mesmo que inventava
(colando uma paca e uma jia)

dava precisa descrição,
tanto da estranha anatomia
quanto da fala, religião,
dos costumes que se faziam.

Só parecia saber pouco
do céu zoológico da história:
onde as festas, onde as intrigas,
como era, e o que era, isso de Glória.

Fora do céu de um dia azul
(sempre dia, porém de estrelas),
era a mais vaga a descrição
da horta do céu, da Glória aérea.

Para compor-me o céu dos contos,
no começo o vi como igreja;
coisas caídas no contar
fazem-me ver é a bagaceira.

Marianne Moore a admiraria.
Pois, se seus jardins eram vagos,
eram altos: o céu rasteiro
era o meu, parco imaginário.

De volta ao Cabo de Santo Agostinho

Sem a luz não se explicaria
um Pernambuco que existia,

e seja a mesma luz, sem quebra,
hoje é uma luz que não desperta.

Certo, são as facas mais vivas
as que se fazem à sua vista;

mas está menos insofrido
o quem de lá, e menos crítico,

como se a luz, antes mais crua,
já não desse a ver, nua e crua,

o filme que vê em seu trajeto:
por não haver encontrado eco

ou por ver a inutilidade
de ter dado a ver, dos debates

que fez nascer, dos protestos
a que deu unhas para os gestos.

Autocrítica

Só duas coisas conseguiram
(des)feri-lo até a poesia:
o Pernambuco de onde veio
e o aonde foi, a Andaluzia.
Um, o vacinou do falar rico
e deu-lhe a outra, fêmea e viva,
desafio demente: em verso
dar a ver Sertão e Sevilha.

AUTO DO FRADE
Poema para vozes
(1984)

A meus filhos

*"I salute you and I say I am not displeased I am not pleased,
I am not pleased I am not displeased."*

GERTRUDE STEIN

Na cela

O PROVINCIAL E O CARCEREIRO:
— Dorme.
— Dorme como se não fosse com ele.
— Dorme como uma criança dorme.
— Dorme como em pouco, morto, vai dormir.
— Ignora todo esse circo lá embaixo.
— Não é circo. É a lei que monta o espetáculo.
— Dorme. No mais fundo do poço onde se dorme.
— Já terá tempo de dormir: a morte inteira.
— Não se dorme na morte. Não é sono.
— Não é sono. E não terá, como agora, quem o acorde.
— Que durma ainda. Não tem hora marcada.
— Mas é preciso acordá-lo. Já há gente para o espetáculo.
— Então, batamos mais forte na porta.
— Como dorme. Mais do que dormindo estará mouco.
— Ainda uma vez.
— Melhor disparar um canhão perto da porta.
— Batamos, outra vez ainda.
— Melhor arrombar a porta. Sacudi-lo.
— Dorme fundo como um morto.
— Mas está vivo. Vamos ressuscitá-lo.
— Deste sono ainda pode ser ressuscitado.
— Deste sono, sim. Do outro, nem que ponham a porta abaixo.

— Está dormindo como um santo.
— Santo não dorme. Os santos são é moucos. Mas têm os olhos bem abertos. Vi na igreja.

Na porta da cadeia

O MEIRINHO:

— *Vai ser executada a sentença de morte natural na forca, proferida contra o réu Joaquim do Amor Divino Rabelo, Caneca.*

O CLERO:
— Vejo que foi obedecido
　à risca o cerimonial.
— Primeiro, eis as tropas de linha,
　de porte espigado, marcial.
— Depois, as gentes da justiça
　e suas roupas de funeral.
— Depois, irmãos da Santa Casa
　com sua compunção clerical.
— E afinal, nós outros do Clero,
　que conhecemos o ritual.
— Noto apenas é que o Juiz
　que na execução capital
　é mais importante que o réu,
　é até sua figura central,
　não tenha aparecido aqui,
　tão pontual que é no Tribunal.

A GENTE NAS CALÇADAS:

— Se já está morto. Se não dorme.
　Sua cela é escura como um poço.
— Pintada de negro, de alcatrão:
　está cego e surdo como morto.
— Não está tão morto. Terá sonhos.
　Não há alcatrão dentro do corpo.
— Na cela de negro alcatrão
　há a luz dos ossos em depósito.
— Veio do século das luzes,
　para uma luz de branco de osso.
— Má para as lições de geometria.
　Lá guardam as caveiras de mil mortos.
— Da luz branca que os ossos guardam
　lhe chega todo o reconforto.
— Mas para ver a própria mão
　a luz pouca de ossos é pouco.

A TROPA:

— Dizque ele ainda está dormindo,
　como criança quando dorme.
— Enquanto ele estiver dormindo,
　sofrerá dos pés quem mais sofre.
— Da morte estará bem mais perto
　quanto mais tarde o réu acorde.
— Dizque uma lei do Imperador,
　que vai chegar, lhe muda a sorte.
— Não sei que esperar desse lado,
　não há navio que hoje aporte.

— Terá sido o sono mais fundo
  de sua vida viva e insone.
— O sol já subiu bastante alto,
  sem que isso a seu sono lhe importe.
— Que sol entra na cela negra?
  Lá se dorme como quem morre.

A GENTE NAS CALÇADAS:

— O ataúde que lhe preparam
  é mais estreito que sua cela.
— Sepultura de sete palmos,
  não se poderá andar nela.
— Como pôde existir imóvel
  quem tem a cabeça inquieta?
— Não estranhará a sepultura
  quem pôde existir nessa cela.
— Pôde ver o negro da morte
  durante o tempo da cadeia.
— Um capuchinho, na cadeia,
  quis falar da morte que o espera.
— Mandou embora o capuchinho,
  da porta (não tinha janela).
— Quando a morte, daqui a pouco,
  não lhe dará qualquer surpresa.

A JUSTIÇA:

— Não estamos todos aqui?
— Só noto a ausência do juiz.
— Por que não chega? Já é tarde.
— O sol, todo aceso, já arde.

— A Taborda, como está longe.
— A mais de três gritos deste onde.
— Andar no sol todo o caminho,
   nem para um banho nos Peixinhos.
— Bem pior do que ir de procissão:
   de tarde o sol amansa o cão.
— Por que não apressam o juiz?
— Já o chamaram. Mas não quis vir.
— Não quis vir, não: não o encontraram
   e a ninguém da raça de juiz.
— Nem o próprio, o Ouvidor de Olinda,
   nem nenhum vem cá presidir.

Frei Caneca:
— Acordo fora de mim
   como há tempos não fazia.
   Acordo claro, de todo,
   acordo com toda a vida,
   com todos cinco sentidos
   e sobretudo com a vista
   que dentro dessa prisão
   para mim não existia.
   Acordo fora de mim:
   como fora nada eu via,
   ficava dentro de mim
   como vida apodrecida.
   Acordar não é de dentro,
   acordar é ter saída.
   Acordar é reacordar-se
   ao que em nosso redor gira.
   Mesmo quando alguém acorda

para um fiapo de vida,
como o que tanto aparato
que me cerca me anuncia:
esse bosque de espingardas
mudas, mas logo assassinas,
sempre à espera dessa voz
que autorize o que é sua sina,
esses padres que as invejam
por serem mais efetivas
que os sermões que passam largo
dos infernos que anunciam.
Essas coisas ao redor
sim me acordam para a vida,
embora somente um fio
me reste de vida e dia.
Essas coisas me situam
e também me dão saída;
ao vê-las me vejo nelas,
me completam, convividas.
Não é o inerte acordar
na cela negra e vazia:
lá não podia dizer
quando velava ou dormia.

O MEIRINHO:
— *Vai ser executada a sentença de morte natural na forca, proferida contra o réu Joaquim do Amor Divino Rabelo, Caneca.*

A JUSTIÇA:

— O juiz não virá: partiu
  na sua visita trimestral
  para correr os dez partidos
  de seu imenso canavial.
— Canavial de muitas sesmarias
  que, para corrê-lo em total,
  se precisa de muitas viagens
  em lombo de escravo ou animal.
— Algo é suspeito em tudo isso,
  tratando-se de homem tão pontual.
  Ao corregedor cabe julgá-lo:
  quem sabe é um monstro liberal.
— Talvez como é tão importante
  (numa execução é central),
  receia que confundam o réu
  com seu meritíssimo animal.

A GENTE NAS CALÇADAS:

— Ei-lo chega, como se nada,
  como se não fosse o condenado.
— Ei-lo que vem lavado e leve,
  como ia ao Convento do Carmo.
— Quando ia ditar sua geometria.
— Ou fosse à redação do diário.
— Agora vai levado à forca.
— Diziam que ensinava o diabo.
— Na sua boca tudo é claro,
  como é claro o dois e dois quatro.

— Ei-lo que vem descendo a escada,
  degrau a degrau. Como vem calmo.
— Crê no mundo, e quis consertá-lo.
— E ainda crê, já condenado?
— Sabe que não o consertará.
— Mas que virão para imitá-lo.

A TROPA:
— O que estamos fazendo aqui,
  de pé e à espera qual cavalos?
— Qual cavalos atraímos moscas,
  as moscas de nossos cavalos.
— As moscas não estão saciadas,
  vêm dos cavalos para os soldados.
— Caíram todas sobre nós,
  e os cavalos foram poupados.
— Ficar de pé sem ter por quê
  é dos cavalos e soldados.
— Mas os cavalos têm ao menos
  para plantar-se quatro cascos.
— Nós não temos senão dois pés,
  e nenhum dos dois vai ferrado.
— Até quando aqui ficaremos,
  fazendo de cavalos, de asnos?

A GENTE NAS CALÇADAS:
— Por que essa corda no pescoço,
  como se ele fosse uma rês?
— Por que na corda vai tão manso,
  segue o caminho, assim cortês?

— A corda não serve de nada,
  não o arrasta nem o detém.
— É para mostrar que esse homem
  já foi homem, era uma vez.
— Essa corda é para mostrar
  que ele já é menos que gente.
— Não gente, mas bicho doméstico,
  que segue a corda humildemente.
— Fera não se amarra com corda.
  Querem mostrá-lo claramente.
— Não é essa a corda da forca.
  Querem que a prove, previamente.

O CLERO:
— Nós, que somos da Madre Igreja,
  por força seremos os últimos?
— Teremos de ir detrás de todos?
  Nossos direitos estão nulos?
— O réu já foi um de nós mesmos,
  não é mais, porque foi expulso.
— Por ele sequer rezaremos
  nenhum ofício de defunto.
— Nosso lugar seria à frente,
  como é prescrito pelo uso.
— Deviam prestigiar o clero
  e livrá-lo desses insultos.
— É uma forma de nos punir
  que aqui nos coloquem por último.
— Punir no clero qualquer frade
  levantadiço é mais que absurdo.

O MEIRINHO:

— *Vai ser executada a sentença de morte natural na forca, proferida contra o réu Joaquim do Amor Divino Rabelo, Caneca.*

Da cadeia à Igreja do Terço

A GENTE NAS CALÇADAS:
— Não se parece a este o cortejo
  de alguém a caminho da forca.
— Parece mais bem procissão,
  Governador que vem de fora.
— Que gente que veio na frente,
  bandeira, padres, gente de opa?
— São os irmãos da Santa Casa,
  que se diz da Misericórdia.
— Quem são os que passam depois
  de roupas sinistras mas várias?
— São os escrivães, mais os meirinhos:
  não abrem mão de suas toucas.
— Outros conheço de uniforme,
  são da milícia e são da tropa.
— Para que trazer tanta força
  contra um frade doente e sem forças?

UM OFICIAL:
— Que ninguém se aproxime dele.
  Ele é um réu condenado à morte.
  Foi contra Sua Majestade,
  contra a ordem, tudo que é nobre.

Republicano, ele não quis
obedecer ordens da Corte.
Separatista, pretendeu
dar o Norte à gente do Norte.
Padre existe é para rezar
pela alma, mas não contra a fome.
Mesmo vestido como está,
com essa batina de monge,
para receber seu castigo
é preciso que ele se assome.
Que todo o cortejo avance!
Temos que chegar ainda longe.

Dois oficiais:
— Este passo está muito lento.
 É de procissão, não de guerra.
— Vamos como podemos. Ninguém
 disse que o cortejo tem pressa.
— Nesse andar de frade jamais
 chegaremos às Cinco Pontas.
— Ao juiz cabia dar o ritmo.
 Porém não quis vir até a festa.
— Isto aqui não é procissão,
 não tem por que o andar de reza.
— Então o melhor é dizer isso
 a quem todo o cortejo regra.
— Andar como padre é dar vez
 à gente baixa, que protesta.
— Melhor pois que corra o cortejo,
 com passo de assalto, de guerra.

A GENTE NAS CALÇADAS:

— No centro, um santo sem andor
 caminhando, é um homem sereno.
— Andor sem andor, e esse santo
 pisando o empedrado terreno.
— Ele jamais aceitaria
 que alguém o carregasse em ombros.
— Na tão estranha procissão
 é o santo que anda, e anda aos tombos.
— Tudo tem de uma procissão
 sem cantoria e lausperene.
— Há mesmo tropas desfilando,
 que por dever o Santo prende.
— Levam-no como se levassem
 algum Bispo a missa solene.
— Este vai a outro altar-mor,
 e seguido de mar de gente.

A GENTE NAS CALÇADAS:

— Ei-lo passa leve e lavado
 como se fosse a uma lição.
— Vou pedir que me dê a bênção
 e depois beijar sua mão.
— Não deixarão chegar onde ele,
 há um eriçado paredão.
— Na procissão, está na cela,
 pois não mudou sua condição.
— Só quem é grade da prisão
 poderá falar-lhe: os soldados.

— Só quem faz muro de prisão
  poderá ser abençoado.
— E só a gente que o leva à forca
  verá de perto o enforcado.
— Mas não creio que a nenhum deles
  interesse sequer tocá-lo.

O MEIRINHO:

— *Vai ser executada a sentença de morte natural na forca, proferida contra o réu Joaquim do Amor Divino Rabelo, Caneca.*

A GENTE NAS CALÇADAS:

— Na procissão que está passando
  há muitas damas para um preso.
— Fácil tomarão sua bênção
  se isso estiver nos seus desejos.
— Mas será somente por piedade
  que alugam balcões no trajeto?
— Talvez seja até por piedade:
  mas no Carnaval têm os mesmos.
— A procissão é um espetáculo
  como o Carnaval mais aceso.
— Não há música, é bem verdade,
  ainda não se inventou o frevo.
— Mas no cortejo que assistimos
  há mais luxo do que respeito.
— Querem ver o réu, mas de cima,
  é a atração pelo que faz medo.

A GENTE NAS CALÇADAS:

— Por que será que ele não fala,
nem diz nada sua boca muda?
— Senhor que ele foi das palavras,
não há uma só que hoje acuda.
— Contaram-me que na cadeia
lhe haviam arrancado a língua.
— Pois, se ele pudesse falar,
tropa ou juiz, quem que o detinha?
— Cortaram-lhe a língua na cela
para que não se confessasse.
— Condenado que foi à forca,
que ao inferno se condenasse.
— Não fala porque lhe proibiram
na cela onde as caveiras limpas.
— Os muros que o tinham na cela
são agora essas togas, batinas.
— Lá não tinha com quem falar,
as paredes nem eco tinham.

FREI CANECA:

— Se é procissão que me fazem,
mudou muito a liturgia:
não vejo andor para o santo,
nem há nenhum santo à vista.
Vejo muita gente armada,
vejo só uma confraria.
E tudo é muito formal
para ser uma romaria.
Talvez seja só um enterro

em que o morto caminharia,
que não vai entre seis tábuas,
mas entre seis carabinas.
Irmãos da Misericórdia,
com sua bandeira e insígnias,
me acompanham no desfile
no andar triste de batinas,
com passadas de urubu
como sempre eles imitam,
o andar de grua dos padres
e da gente da justiça.
E essa tropa de soldados
formados para ordem unida,
que cerca o morto, não vá
escapar da cerca viva,
pendurada pelas casas
ou de pé pelas cornijas.
Dessa gente sei dizer
quem Manuel e quem Maria,
quem boticário ou caixeiro,
e sua mesma freguesia.
Cada casa dessas ruas
é também amiga íntima,
posso dizer a cor que era,
que no ano passado tinha.
E essa gente que nas ruas
de cada lado se apinha
(neste estranho dia santo
em que ninguém comercia),
a gente que dos telhados
tudo o que vai vê de cima.

A GENTE NAS CALÇADAS:

— Por que é que deixou de falar?
   Estávamos todos a ouvi-lo.
— Ao passar estava falando,
   vinha conversando consigo.
— Por que agora caminha mudo
   se estava falando a princípio?
— Decerto o forçaram a calar-se.
   Até os gestos lhe são proibidos.
— Fazem-no calar porque, certo,
   sua fala traz grande perigo.
— O que lhe ouvi na rua do Crespo
   foi "mar azul" e "sol mais limpo".
— Receiam que faça falando
   desta procissão um comício.
— Dizem que ele é perigo, mesmo
   falando em frutas, passarinhos.

A GENTE NAS CALÇADAS:

— Há pessoas com muito medo
   de toda essa gente na rua.
— Muita gente em ruas e praças
   é coisa que a muitos assusta.
— Como se se vissem de súbito
   desarmadas, ou mesmo nuas.
— A gente está com muito medo
   da cheia de gente, da súcia.
— Mas não temem o Carnaval,
   embora a gente se mascare.

— Sabem que no Carnaval, toda
a gente, em mil gentes, se parte.
— Cada um monta seu Carnaval,
solto na praça, sem entraves.
Cada um segue pelo seu lado
e nada mais há que os engate.

O MEIRINHO:

— *Vai ser executada a sentença de morte natural na forca, proferida contra o réu Joaquim do Amor Divino Rabelo, Caneca.*

OFICIAL E FREI CANECA:
— De que fala Reverendíssimo
como se num sermão de missa?
— De toda essa luz do Recife.
Louvava-a nesta despedida.
— Ouvi-o falar em voz alta,
como se celebrasse missa.
Vi que a gente pelas calçadas
como num sermão, calada, ouvia.
— Tanto passeei por essas ruas
que fiz delas minhas amigas.
Agora, lavadas de chuva,
vejo-as mais frescas do que eu cria.
— Um condenado não pode falar.
Condenado à morte, perde a língua.
— Passarei a falar em silêncio.
Assim está salva a disciplina.

O OFICIAL E O PROVINCIAL:

— Vem de dizer o condenado
que suspende sua falação.
— Mas, falando alto, não pregava.
Falava-se, o que não é sermão.
— Que tinha a dizer ante a forca?
Não lembra a cela de alcatrão?
— O alcatrão já não o preocupa
e ao sol curou-se da prisão.
— Parecia que estava bêbado.
Era álcool ou sua desrazão?
— Bêbado da luz do Recife:
fez esquecer sua aflição.
— Mas pareceu falar em versos.
É isso estar bêbado ou não?
— Mesmo sem querer fala em verso
quem fala a partir da emoção.

A GENTE NAS CALÇADAS:

— Não me lembro de procissão
com tanta gente para vê-la.
— Parece que todo o Recife
veio às calçadas, às janelas.
— Gente em pleno meio da rua,
e a tropa não pode rompê-la.
— E em cada esquina, cada rua,
na rua mais gente despeja.
— Estamos num rio na enchente
que recebe cheia e mais cheia.

— Há gente até dependurada
pelos lampiões, pelas reixas.
— Gente até no poste da forca
e no alçapão debaixo dela.
— Muita gente pelas cumeeiras
e gente deitada nas telhas.

A GENTE NAS CALÇADAS:

— Mais gente há nessa execução
do que em muita festa de igreja.
— Ver enforcar padre é oração,
fica bem visto da padroeira.
— Decerto dá bons resultados
como ao pecador indulgências.
— Como aos flagelantes e àqueles
que à carne fazem violências.
— Como as orações, os dez terços,
como os jejuns e as abstinências.
— Por que será que nesse frade
mais do que em santos, tenham crença?
— Viveu lado a lado com eles,
conviveu-os, na saúde e doença.
— Viveu sempre como eles todos,
nunca se isolou com sua ciência.

FREI CANECA:

— Sob o céu de tanta luz
que aqui é de praia ainda,
leve, clara, luminosa
por vir do Pina e de Olinda,

que jogam verde e azul
sob o sol de alma marinha,
sob o sol inabitável
que dirá Sophia um dia,
vou revivendo os quintais
que dispensam sesta amiga
detrás das fachadas magras
com sombras gordas e líquidas.
E, se não ouço os pregões,
vozes das cidades, vivas,
revivendo tantas coisas
valem qualquer despedida.
Sei que acordei para pouco
e que entre a cela sinistra
onde só a luz das caveiras
com luz própria reluzia,
e o outro telão de sono
que cai e que não se bisa,
é estreita a nesga de tempo
para que se chame vida.
E as ruas de São José
com que mais eu convivia,
que passeava sem prever
o passeio deste dia.
Eu sei que no fim de tudo
um poço cego me fita.
Difícil é pensar nele
neste passeio de um dia,
neste passeio sem volta
(meu bilhete é só de ida).
Mas, por estreita que seja,

dela posso ver o dia,
dia Recife e Nordeste,
gramática e geometria,
de beira-mar e Sertão
onde minha vida um dia.

A GENTE NAS CALÇADAS:

— Dizque um menino viu no céu,
revoando, uma Dama Celeste.
— Vestida com um manto pardo
que de asas fazia as vezes.
— E planava para abrigá-lo,
para que o sol não o moleste.
— Depois, ela foi-se esgarçando
como com os panos acontece.
— Foi um menino que a enxergou
e adultos o mesmo pretendem.
— Decerto é a Senhora do Carmo,
de quem é frade, e que o protege.
— Padroeira também do Recife,
dos marinheiros que lhe rezem.
— A Virgem que uma estrebaria
tirou do convento que teve.

A GENTE NAS CALÇADAS:

— Afinal quem marca o compasso
da procissão de caranguejos?
— Como o juiz não veio cá,
vai no passo que podem velhos.

— Este é um cortejo militar
   que leva um réu à execução.
— Por causa do clero e outros cleros,
   seguem o passo procissão.
— Mas não há um morto, ainda está vivo:
   da procissão é o santo e o centro.
— Mas não é por culpa do réu
   que o cortejo caminha lento.
— A tropa queria que andassem
   passo acelerado de guerra.
— Mas como obrigar a correr
   um velho que ande como velha?

O MEIRINHO:

— *Vai ser executada a sentença de morte natural na forca, proferida contra o réu Joaquim do Amor Divino Rabelo, Caneca.*

FREI CANECA:

— O raso Fora-de-Portas
   de minha infância menina,
   onde o mar era redondo,
   verde-azul, e se fundia
   com um céu também redondo
   de igual luz e geometria!
   Girando sobre mim mesmo,
   girava em redor a vista
   pelo imenso meio-círculo
   de Guararapes a Olinda.
   Eu era um ponto qualquer
   na planície sem medida,

em que as coisas recortadas
pareciam mais precisas,
mais lavadas, mais dispostas
segundo clara justiça.
Era tão clara a planície,
tão justas as coisas via,
que uma cidade solar
pensei que construiria.
Nunca pensei que tal mundo
com sermões o implantaria.
Sei que traçar no papel
é mais fácil que na vida.
Sei que o mundo jamais é
a página pura e passiva.
O mundo não é uma folha
de papel, receptiva:
o mundo tem alma autônoma,
é de alma inquieta e explosiva.
Mas o sol me deu a idéia
de um mundo claro algum dia.
Risco nesse papel praia,
em sua brancura crítica,
que exige sempre a justeza
em qualquer caligrafia;
que exige que as coisas nele
sejam de linhas precisas;
e que não faz diferença
entre a justeza e a justiça.

A GENTE NAS CALÇADAS:

— Não sei por que é que este cortejo
  evitou o Pátio do Carmo.
— O caminho era bem melhor:
  era mais direto e mais largo.
— Dizem que todos tinham medo
  de que pudessem seqüestrá-lo.
— Tirá-lo do meio da tropa
  e então conduzi-lo a sagrado.
— Ou se arrancasse de repente
  da cela em que ele vai, cercado.
— Ou que vendo as portas abertas
  pudesse escapar dos soldados.
— Sempre foi gente turbulenta
  os carmelitas desse Carmo.
— Bem mais que os das casas de Olinda,
  Paraíba, Goiana, Cabo.

A GENTE NAS CALÇADAS:

— Desde a noite do dia de ontem
  o Carmo está morto e deserto.
— O prior, Frei José de São Carlos,
  mandou para casa leigos, clérigos.
— Mandou de férias todos eles
  e ficou sozinho no prédio.
— Todo o convento está de férias
  como se só fosse colégio.
— Assim todos estarão longe
  do condenado e, assim, dos ecos.

— Frei São Carlos segue Caneca,
desde sua cela, manhã cedo.
— Depois sozinho, no convento,
fará no claustro seu enterro.

Dois oficiais:

— Melhor é apressar mais o passo,
que a gente já se mostra inquieta.
— A gente é o que há de perigoso:
sua arma final é um quebra-quebra.
— Um indulto do Imperador
é o que essa gente ainda espera.
— Não pode haver adiamento
e a volta à prisão negra e cega?
— Como indulto ou adiamento,
se nenhum navio hoje chega?
— Então essa gente das calçadas
vai esperar muito que aconteça.
— Que a padroeira do Recife,
com seus milagres apareça.
— Talvez por ser dos marinheiros,
mande navio a toda pressa.

O oficial e o provincial:

— Que fazer para vos fazer
adotar um passo de carga?
— Demonstrar que em cima de nós
há inimigo na retaguarda.
— Não sentis que a gente impaciente
desse espetáculo está cansada?

— A impaciência que nela sinto
 é porque nada disso acata.
— É o indulto do Imperador
 o que essa gente toda aguarda?
 Não compreendeis que minha tropa
 disparará caso atacada?
— A gente não pensa atacar,
 é um milagre que a gente aguarda.
 E não só a gente dessas ruas:
 a gente também das sacadas.

A GENTE NAS CALÇADAS:

— Nos fizeram lavar fachadas
 como em dia de procissão.
— Nos fizeram varrer calçadas,
 limpar o que faz todo cão.
— Parece até enterro de Bispo,
 ou mais bonito, a sagração.
— Até nosso céu eles espanaram
 e não só com as brisas, não.
— Como que passaram no céu
 esfregão com água e sabão.
— Mas disso tudo agora vemos
 qual a verdadeira intenção.
— Enforcar um homem que soube
 opor ao Império um duro não.
— (Cem anos depois um outro homem
 dirá "nego" a uma igual questão.)

O meirinho:

— *Vai ser executada a sentença de morte natural na forca, proferida contra o réu Joaquim do Amor Divino Rabelo, Caneca.*

No adro do Terço

OFICIAL:
— Que toda a tropa forme um círculo
   como se protegesse o altar.
   Que ninguém entre nesse círculo
   nem possa dele se acercar
   sob pena de ser condenado:
   de sedicioso se acusará.
   Quem tentar romper esse círculo
   rebelde se confessará.

O OFICIAL E O VIGÁRIO GERAL:
— *Passo ao braço da Igreja o padre mestre Frei Joaquim do Amor Divino Rabelo, Caneca, condenado à morte por sedição e rebelião contra o Império, pela Comissão enviada pelo Imperador.*
— *Recebo Frei Joaquim do Amor Divino Rabelo, Caneca, para que se proceda à sua execração de acordo com o que determina o Direito Canônico.*

A GENTE NO ADRO:
— Agora o estão paramentando:
   para vir celebrar a missa.

— Nenhum sacristão o ajudou
  tão ritualmente em sua vida.
— Talvez porque essa venha a ser
  a última missa que diga.
— Quanto terá de abençoar
  o que há aqui de gente inimiga!

A GENTE NO ADRO:

— É falsa a unção com que o ajuda
  o frade que é seu sacristão.
— Põe-lhe o amito, veste-lhe a alva
  como a um judas de diversão.
— O cordão agora é o litúrgico,
  não o que o trouxe como um cão.
— Esse cordão com que ora o cingem
  não é o baraço da forca, não.

A GENTE NO ADRO:

— Põem-lhe um manípulo bordado
  como ele nunca usou nem teve.
— Trazem-lhe uma estola de luxo
  que é mais de bispo que de freire.
— Essa casula com que o vestem
  lhe cai perfeitamente, é adrede.
— Como mandada costurar
  por alfaiate que o conhece.

A GENTE NO ADRO:

— Agora o conduzem ao trono
  como um bispo ou como um vigário.

— Como não temos bispo agora,
  levam-no ao trono do vigário.
— Não sei por que tanto se ajoelha
  como penitente relapso.
— Se já está do lado da morte,
  nada o reterá deste lado.

A GENTE NO ADRO:

— Não sei se hoje pelas igrejas
  é dia de usar encarnado.
— Para enforcado, o justo é roxo,
  pois sangue não é derramado.
— Quem sabe se há nisso um presságio?
  Quem sabe se vão indultá-lo?
— Me parece, sim, presságio:
  não indulto, vão fuzilá-lo.

A GENTE NO ADRO:

— Mas não foi para dizer missa
  que de luxo o paramentaram.
— Ainda continua de joelhos
  perante o bispo improvisado.
— Que parece querer falar
  aos que chama de seu rebanho.
— Mas quantos de nós hoje aqui
  querem ouvir sua voz de fanho?

O MEIRINHO:

— *Vai ser executada a sentença de morte natural na forca, proferida contra o réu Joaquim do Amor Divino Rabelo, Caneca.*

O VIGÁRIO GERAL:

— *A degradação eclesiástica é uma pena vindicativa, a mais grave de todas as penas eclesiásticas. Ao iniciar-se a degradação, vestem-lhe todos os paramentos sagrados, como se o padre houvesse ainda uma vez de celebrar o sacrifício incruento da redenção. E a cerimônia começa, com grande aparato: o celebrante lhe tira das mãos o cálice, a hóstia e a patena. Depois, um a um, o vai despindo dos paramentos sacerdotais. Despem-no finalmente da batina ou hábito religioso. Está o padre degradado das ordens sacras; já não pode exercer o ministério sacerdotal.*

A GENTE NO ADRO:

— Não foi mesmo para dizer missa
que o haviam paramentado.
— Manda tomar o que lhe deram
esse faz-de-bispo, o vigário.
— O cálice e a patena, vejo,
foram primeiro arrebatados.
— Com o latim que eles não sabem
pensam que tudo está explicado.

[em *background*]

Amovemus a te, quin potus amotan esse ostidimus offerendi Deo sacrificium, Missanque celebrandi tam pro vivio, quam pro difunctis.

A GENTE NO ADRO:

— Ainda estão lhe retirando
  até o que não lhe tinham dado.
— Com a faca raspam-lhe as mãos
  que tanto haviam abençoado.
— Do índice e do polegar
  raspam-lhe esse gesto sagrado.
— Parece que o sagrado é poeira:
  muito facilmente é raspado.

    [em *background*]

Potestatem sacrificandi, consecrandi et benedicendi, quam in unctione manum et paelicum recepisti, tibi tollimus hac rasura.

A GENTE NO ADRO:

— Vem agora a vez da casula,
  da cor do sangue que evitou.
— Que ele evitou de derramar
  e só por isso se entregou.
— Quem sabe se o matam com sangue,
  cor do paramento que usou?
— Vão sempre falando em latim:
  pensam que o fala o Imperador.

    [em *background*]

Veste sacerdotali charitatem signante te merito expoliamus, quis ipsen et omnem innocentiam exuisti.

A GENTE NO ADRO:

— O que ainda continuarão,
   continuarão a despir dele?
— Arrancam-lhe agora a estola,
   que lhe é arrancada como pele.
— Se continuam assim, à forca
   não arribará nada dele.
— Enforcarão o esqueleto nu,
   nu de alma, de carne e de pele.

   [em *background*]

Signum Domini per hanc stolam turpiter abjecisti, ideoque ipsam e te amovemus, quem inhabilem reddimus ad omne Sacerdotale officium exercendum.

A GENTE NO ADRO:

— Parece que não é o vigário
   que vai continuar a despi-lo.
— Ou já estará muito cansado
   ou do que resta não é digno.
— Os outros padres, seus lacaios,
   tiram-lhe o cíngulo, a alva, o amito.
— De todo o frade que ele foi,
   eis que volta ao que é, sem mito.

A GENTE NO ADRO:

— Agora lhe raspam a tonsura
   com pobre navalha barbeira.

— Despem-no do hábito do Carmo,
para ele é despir-se da igreja.
— Nu de toda igreja, em camisa
e calças de ganga grosseira.
— Voltou a ser qualquer de nós:
pensará que foi ganho ou perda?

A GENTE NO ADRO:

— Quando tiravam alguma coisa,
vinham o incenso e a água benta.
— Não era o frade a quem benziam,
estavam benzendo era a prenda.
— Queriam limpá-la do frade
e do diabo, se estava prenha.
— Queriam lavá-la de tudo,
do frade, do diabo e suas lêndeas.

A GENTE NO ADRO:

— Reparai, agora lhe trazem
uma outra espécie de batina.
— Dizem-na a alva dos condenados:
a forca a exige, é da rotina.
— Nela não enxergo os bordados
que há nas alvas de dizer missa.
— A alva é encardida, é sua mortalha,
dizem-na alva por ironia.

O VIGÁRIO GERAL E O OFICIAL:

— *Devolvo à mão da Justiça o réu Joaquim do Amor Divino, Caneca, devidamente execrado de sua qualidade de sacerdote pelas leis canônicas.*
— *Recebo o réu execrado e nele farei cumprir a sentença de condenação à morte natural na forca.*
— *O réu foi ritualmente degradado de suas funções e dignidades de sacerdote, e é como homem que o faço passar às mãos da justiça dos homens.*
— *E é como homem e como rebelde a nosso amado Imperador que farei executar nele a sentença ditada pela Comissão Militar.*

O VIGÁRIO E O PROVINCIAL:

— Recomendo-lhe seu amigo.
    Queira segui-lo até o algoz.
— A que algoz eu devo levá-lo?
    O pior está longe de nós.
— E onde ele está? Quando chegou?
    Onde se hospeda o Imperador?
— O Imperador nunca viria
    ao Recife, não tem valor.
    (Talvez num dia muito longe
    possível que venha, mas morto.
    Só gente com medo, obrigada,
    desfilará ante seu corpo.)

O MEIRINHO:

— *Vai ser executada a sentença de morte natural na forca, proferida contra o réu Joaquim do Amor Divino Rabelo, Caneca.*

Da Igreja do Terço ao Forte

OFICIAL:
— Que se recomponha o cortejo
 como ele vinha até então.
 Todos seguirão na mesma ordem,
 e ainda o réu sob proteção.
 Iremos ao Forte, onde a forca
 está atrasada em sua ração.
 Que todos sigam até o Forte.
 Só depois se dissiparão.

A GENTE NAS CALÇADAS:
— Um dia capangas jagunços
 mandaram para sua defesa.
— Havia, dizem, gente paga
 para caçar sua cabeça.
— Mandou os capangas de volta
 e respondeu dessa maneira:
— Não sou ninguém para ser mártir,
 não é distinção que eu mereça.

A GENTE NAS CALÇADAS:
— Na Casa do Carmo viveu
    desde que era ainda menino.
— Muito antes de ser carmelita
    era aluno de seu ensino.
— Aprendeu lá tudo o que sabe
    e não só rezar ao divino.
— Quando ele entrou para ser frade
    mais do que qualquer tinha tino.

O MEIRINHO:
— *Vai ser executada a sentença de morte natural na forca, proferida contra o réu Joaquim do Amor Divino Rabelo, Caneca.*

A GENTE NAS CALÇADAS:
— Dizem que quando vinha preso
    alguém lhe ofereceu a fuga.
— Alguns aceitaram de saída
    e hoje andam soltos pelas ruas.
— Outros se foram para Bolívar
    que livrara várias repúblicas.
— Mas a daqui, compreendeu,
    precisa ainda de mais luta.

A GENTE NAS CALÇADAS:
— Pela estrada dita Ribeira,
    onde o Capibaribe sua,
    com tropa pequena e rompida
    foi ao Ceará por ajuda.

— Campina Grande, Paraíba,
  guarda a casa de sua cura,
  e em Acauã, lá no Ceará,
  se rende com a tropa viúva.

A GENTE NAS CALÇADAS:

— Foi contra seu Imperador
  é o que se diz no veredicto.
— E separatista ademais;
  saberá Dom Pedro o que é isso?
— Pensa que é ladrão de cavalos
  ou que é capitão de bandidos.
— Pensa não ser mal português,
  sim, de brasileiro, algum vício.

FREI CANECA:

— Dentro desta cela móvel,
  do curral de gente viva,
  dentro da cela ambulante
  que me prende mas caminha,
  posso olhar de cada lado,
  para baixo e para cima.
  Eis as pedras do Recife
  que o professo carmelita,
  embora frade calçado,
  sente na sola despida.
  Como estou vendo melhor
  essa grade, essa cornija,
  o azulejo mal lavado,
  a varanda retorcida!

Parece que melhor vejo,
que levo lentes na vista;
se antes tudo isso milvi,
as coisas estão mais nítidas.
Andando nesse Recife
que me sobrará da vida,
sinto na sola dos pés
que as pedras estão mais vivas,
que as piso como descalço,
sinto as arestas e a fibra.
Embora a viva melhor,
como mais dentro, mais íntima,
como será o Recife
que será? Não há quem diga.
Terá ainda urupemas,
xexéus, galos-de-campina?
Terá estas mesmas ruas?
Para sempre elas estão fixas?
Será imóvel, mudará
como onda noutra vertida?
Debaixo dessa luz crua,
sob um sol que cai de cima
e é justo até com talvezes
e até mesmo todavias,
quem sabe um dia virá
uma civil geometria?

A GENTE NAS CALÇADAS:
— Eis que ele agora é um réu qualquer
e como qualquer vai vestido.

— Deram-lhe a roupa que se dá
  aos assassinos e bandidos.
— O cortejo vai como vinha,
  e ele no meio como um bispo.
— Um bispo vigiado, sem pálio,
  todo cercado de inimigos.

A GENTE NAS CALÇADAS:

— Uma procissão sem andor
  é uma procissão quando mesmo.
— A procissão de *Corpus Christi*
  é a procissão de Deus, é a seco.
— Não tem andor. Mesmo invisível,
  todo mundo acorre para vê-lo.
— Quem não tem balcão para ficar
  aluga algum por qualquer preço.

A GENTE NAS CALÇADAS:

— Afinal o que em contra dele
  disse a gente da Comissão?
— Foi contra o morgado do Cabo,
  sua impopular nomeação;
  foi contra que o rei português
  impusesse uma Constituição;
  contra enviar-se a esquadra ao Recife
  por falsa ameaça de invasão.

O MEIRINHO:

— *Vai ser executada a sentença de morte natural na forca, proferida contra o réu Joaquim do Amor Divino Rabelo, Caneca.*

A GENTE NAS CALÇADAS:

— A procissão é o recorrido
  que vai de uma igreja a outra igreja.
— Mas nesta vai nosso caminho
  não a igreja, mas fortaleza.
— Até o Forte das Cinco Pontas
  porque tem desenho de estrela.
— Mas ficaremos cá de fora,
  o réu não entrará na capela.

A GENTE NAS CALÇADAS:

— Mas haverá um santuário
  nessa construção holandesa?
— Construíram uma capela mais tarde,
  para exorcizar Calvino e o belga.
— Mas a capela fica dentro
  dos robustos muros de pedra.
— E o altar da forca ficará
  fora dos paredões de pedra.

A GENTE NAS CALÇADAS:

— Não é jovem, tampouco velho,
  apesar dos cabelos brancos.
— Veio andando calmo e sem medo,
  ar aberto de amigo, e brando.

— Não veio desafiando a morte
nem indiferença ostentando.
— Veio como se num passeio,
mas onde o esperasse um estranho.

Frei Caneca:
— Esta alva de condenado
substituiu-me a batina.
Não penso que ainda venha
a vestir outra camisa.
Certo também é mortalha
e nela sairei da vida.
Não sei por que os condenados
vestem sempre esta batina,
como se a forca fizesse
disso a questão mais estrita.
Será que a morte é de branco,
onde coisa não habita,
ou, se habita, dá na soma
uma brancura negativa?
Ou será que é uma cidade
toda de branco vestida,
toda de branco caiada
como Córdoba e Sevilha,
como o branco sobre branco
que Malevitch nos pinta
e com os ovos de Brancusi
largados pelas esquinas?
Se essa mortalha branca
é bilhete que habilita

a essa morte, eu, que a receio,
entro nela com alegria.
Temo a morte, embora saiba
que é uma conta devida.
Devemos todos a Deus
o preço de nossa vida
e a pagamos com a morte
(o poeta inglês já dizia).
Nessa contabilidade
morte e vida se equilibram,
e, embora no livro-caixa,
e também nas estatísticas,
apareça favorável,
e sempre, o saldo da vida,
no dia do fim do mundo
serão iguais as partidas.

A GENTE NAS CALÇADAS:

— Arrancaram tudo de padre,
o que dele um padre fizera.
— Em dezessete na Bahia
de fome e sede ele sofrera.
— Viveu piolhento, esmolambado,
guardado quase como fera.
— Mas o que lhe arrancaram hoje
trouxe-lhe ainda maior miséria.

A GENTE NAS CALÇADAS:

— Até que enfim esse cortejo
conduz um homem, não um frade.

— A execração tirou-lhe tudo.
Nada é sagrado nessa carne.
— Hoje ninguém da religião
lhe deve solidariedade.
— Vêem os barões e os portugueses
que não há brechas entre os padres.

A GENTE NAS CALÇADAS:

— Foi muitas vezes anunciado
um indulto do Imperador.
— Tempo já tinha para chegar,
mas até hoje não chegou.
— Há dias que não chegam barcos,
nenhum tampouco hoje arribou.
— E mesmo que chegue tal barco,
quem diz que a Corte o perdoou?

O MEIRINHO:

— *Vai ser executada a sentença de morte natural na forca, proferida contra o réu Joaquim do Amor Divino Rabelo, Caneca.*

A GENTE NAS CALÇADAS:

— Veleiro que chega do Rio
pouco traz (mas leva o que for).
— Para um raro "sim" que eles trazem,
trazem de "nãos" enorme ror.
— Quem sabe o indulto foi mandado
para a Guiné, para o Pará?
— Será que alguém na Corte sabe
onde é que Pernambuco está?

A GENTE NAS CALÇADAS:

— Eu o imaginava homem alto
  com olhos acesos, de febre.
— Eu o imaginava também
  um asceta, puro osso e pele.
— É um homem como qualquer um,
  e profeta não se pretende.
— É um homem e isso não chegou:
  um homem plantado e terrestre.

A GENTE NAS CALÇADAS:

— Assim é que pôde sobreviver
  à viagem com a tropa ao Agreste.
— Foi à Paraíba, ao Ceará,
  que o Capibaribe não investe.
— Foi assim frade e jornalista,
  e, em vez de bispo, padre-mestre.
— Viveu bem plantado na vida,
  coisa que a gente nunca esquece.

Na praça do Forte

O VIGÁRIO GERAL E O OFICIAL:

— O bom carrasco oficial
   deve estar aprontando o nó.
— Não quis vir. Diz que matar padre
   é morte que recai, veloz.
   Fizemos todas as ameaças
   e as promessas para depois.
   Não quer vir. Diz que matar padre
   ou gato na vida dá nó.

O MEIRINHO:

— *Vai ser executada a sentença de morte natural na forca, proferida contra o réu Joaquim do Amor Divino Rabelo, Caneca.*

OFICIAL:

— Agora apenas militares
   podem entrar neste recinto.
   Que os outros todos se dispersem,
   Santa Casa, clero e cabido.
   Mas fique a gente da Justiça,
   os escrivães, que, por escrito,

darão fé da morte na forca
do inimigo da Corte do Rio.

A GENTE NO LARGO:
— Quem foi que ainda não chegou
para que tenha início a festa?
— Decerto alguma autoridade
que o veleiro do indulto espera.
— O Brigadeiro Lima e Silva,
dizem, é a favor do Caneca.
— Talvez ele saiba do indulto
e tenha ordenado essa espera.

A GENTE NO LARGO:
— O Brigadeiro Lima e Silva
jamais viria abrir a festa.
— Quem é então o personagem
por quem todo esse mundo espera?
— É mais do que um personagem:
é a outra metade da festa.
— É o carrasco que se não vem
não se enforcará o Caneca.

A GENTE NO LARGO:
— Lima e Silva não é a favor.
Ele não é contra o Caneca.
— Ele dobrou-se à Comissão:
nem procurou influir nela.

— Se for verdade, o Imperador
   tirará tudo o que ele era.
— Lhe dirá que vá para casa
   com suas grã-cruzes, comendas.

A GENTE NO LARGO:
— Não é o carrasco um tal Vieira
   que à forca irá por assassino?
— Ele mesmo. E se enforca o padre
   terá abertos os caminhos.
— Quando o foram buscar não quis
   aparecer, e o disse a gritos.
— Muita coronhada apanhou,
   porque não quis, e pelos gritos.

A GENTE NO LARGO:
— Que passa com o outro ator
   que nos deixa todos na espera?
— O outro personagem, o carrasco,
   não aceita o papel, se nega.
— Nem o trouxeram da cadeia.
   Ali disse não, e se queda.
— Seu não, está claro, lhe deu
   muito o que curar, muita quebra.

A GENTE NO LARGO:
— Dizem que foi ameaçado
   por padres, parentes, amigos.

— Nada disso: não vem por medo
  do que lhe dizem os espíritos.
— Dizem que uma dama, na véspera,
  pôde chegar a seu cubículo.
— Que não enforcasse o afilhado
  a dama teria pedido.

O OFICIAL E UM CARRASCO:
— Agora chegou. É tua vez
  de se livrar com teu serviço.
— Porém dessa vez eu não posso.
  Matar um santo é mais que um bispo.
— Sabes o que te passará
  se não fizeres o que digo?
  Não te disse que teu indulto
  depende só desse suplício?
— Sei disso. E do que passarei.
  Que a forca é certo, é mais que risco.
— Sabes o que é ser enforcado,
  por que passarás antes disso?
— Morrerei na forca, se chego,
  se das torturas sair vivo.
  Sei que à forca não chegarei;
  morrerei antes, vou para o lixo.

O OFICIAL E UM OUTRO CARRASCO:
— Devolvam o preso à cadeia.
  Por esperar, nada ele arrisca.
  Onde está o outro assassino
  que às vezes o substituía?

— Aqui estou. Mas, aquele frade,
  não está aqui quem o enforcaria.
— Mas quem é que decide aqui?
  Sou eu ou a tua covardia?
— Não é por covardia, não.
  Cumpro ordens da Virgem Maria.
— E como essas ordens te deu?
  Soprou-te numa ventania?
— Cobrindo o frade com seu manto,
  voando no céu ela foi vista.
  Para mim é mais que uma ordem,
  seja ela falada ou escrita.

O OFICIAL E UM SOLDADO:
— Correndo chegue-se à cadeia.
  Traga o mais malvado de lá.
  Sairá hoje livre. Perdoado
  de tudo o que fez ou fará.
— Chefe, daqui para a cadeia
  muito tempo se tardará.
  Será dupla perda de tempo.
  Preso nenhum aceitará.
  Crê Vossoria nessa história
  da Virgem abençoando-o do ar?
— Como posso crer tal absurdo?
— É de hoje, mas é lenda já.
  Mas corro à cadeia, à procura
  do mais facinoroso que há.

A GENTE NO LARGO:

— Falaram a dois substitutos,
ambos à morte condenados.
— Ofereceram-lhes igual prêmio:
ir seus caminhos liberados.
— Nenhum não quis. Do mesmo jeito,
ambos os dois foram espancados.
— A réus sem morte ofereceram
mesmo prêmio que aos dois carrascos.

A GENTE NO LARGO:

— Por falta de quem contracene
abandonarão todo espetáculo.
— E terminarão confiando
o enforcamento a um voluntário.
— Consultaram todo o escalão
do sistema penitenciário.
— Mas ninguém quis. Certo tiveram
a visita da Dama de pardo.

A GENTE NO LARGO:

— Um emissário foi mandado
recrutar gente na cadeia.
— Foi fazer a todos os presos
oferta melhor que as já feitas.
— Por piores que sejam os crimes,
sairão soltos, e a vida feita.
— Com bom emprego na cadeia,
farda, comida, cama e mesa.

A GENTE NO LARGO:

— Mas duvido que lá encontrem
o pessoal que lhes convenha.
— Fosse a oferta feita na praça,
teriam carrascos às pencas.
— Se negociassem esses cargos,
seria facílima a venda.
— Até padres se prestariam
para salvar a ordem e a crença.

A GENTE NO LARGO:

— Assim, cá estamos à espera
de um tipo ideal de carrasco.
— Que não tenha fé numa Dama
que voa vestida de pardo.
— Que tenha um crime para ser
de alguma forma premiado.
— Para quem a forca compense
carência que o deixe saciado.

A GENTE NO LARGO:

— Uma forca sempre precisa
de um enforcado e de um carrasco.
A forca não vive em monólogos:
dialética, prefere o diálogo.
Se um dos dois personagens falta,
não pode fazer seu trabalho.
O peso do morto é o motor,
porém o carrasco é o operário.

A GENTE NO LARGO:

— Dizem por aí que o emissário
  voltou com ambas mãos vazias.
— Ninguém aceitou o perdão
  porque ele é à custa da vida.
— Sair das grades está bem,
  de ser carrasco não se hesita.
— O grave é depois fazer face
  ao que a Dama de pardo exija.

O SOLDADO:
— Vi na cadeia muitos réus
  que esperam tranqüilos a pena.
  Disse tudo o que me mandaram,
  mas foi inútil toda a lenha.
  Nem mesmo o monstruoso assassino
  que trucidou na Madalena
  pai, mãe, filho, mais quatro escravos
  e um bebê de dias apenas,
  que por isso foi condenado
  pegando a última sentença,
  concorda em enforcar o padre,
  diz que é questão de consciência.
  Parece que o melhor carrasco
  é um menino em toda inocência:
  ir buscar no Asilo da Roda
  carrasco infantil, mas com venda.

OFICIAL:

— Seja o que for, vou eu agora
   até a Comissão Militar
   pedir que forme um pelotão
   que venha para o fuzilar.
   Única saída que vejo,
   embora seja irregular:
   é pedir o ascenso do crime
   a um digno crime militar.

A GENTE NO LARGO:

— Enquanto isso tudo, ele espera
   sentado nos degraus da forca.
— Como se não fosse com ele
   o corre-corre em sua volta.
— Sente como pode ser longo
   o que nós chamamos de agora.
— Que é como um tempo de borracha
   que se elastece ou que se corta.

A GENTE NO LARGO:

— Há mais de três horas espera
   sem ver chegar a sua própria.
— Não é uma tortura menor
   que a da cela negra e sem horas.
— Maior do que a por que passou
   na caminhada de ainda agora.
— E mais se são horas barradas
   pelo muro onde se ergue a forca.

A GENTE NO LARGO:
— Sabia, ao vir, que caminhava
  ao encontro da própria morte.
— Pensou que o estivesse aguardando
  encostada ao portal do Forte.
— E que lhe saísse ao encontro
  entreabrindo-lhe os braços, nobre.
— Mas chegando logo sentiu
  como é altiva e fria a consorte.

A GENTE NO LARGO:
— Logo que chegou descobriu
  que a morte nem sempre tem fome.
— E, mais, que nem sempre tem mãos
  para acionar seus ressortes.
— Necessita sempre de um braço,
  de enfarte, de câncer, virose.
— E que, numa forca inanimada,
  precisa de um braço a suas ordens.

A GENTE NO LARGO:
— A morte já o estava caçando
  desde o ano de dezessete.
— Hoje ele está à espera dela,
  que chegue afinal, se revele.
— Como descobrir quem ela é
  no meio de toda essa plebe?
— Chega a pensar que o não deseja,
  chega imaginar que o despreze.

A GENTE NO LARGO:

— Não imagina onde ela está,
   de onde virá, nem como seja.
— Imagina que ela é biqueira,
   que há gente que não lhe apeteça.
— Não sabe é que ela já está aqui;
   falta-lhe é o braço com que opera.
— Que desta vez nenhum carrasco
   ousa colaborar com ela.

A GENTE NO LARGO:

— Como não surge quem o enforque,
   chamaram a tropa de linha.
— Ele ainda está ao pé da forca,
   esperando o carrasco, ainda.
— Se a espera for de muito tempo,
   o povo dele se apropria.
— Já está inquieto e excitado,
   com molas de quem se amotina.

A GENTE NO LARGO:

— Creio que ao mesmo Frei Caneca
   essa tropa vem como alívio.
— Leva ali horas esperando,
   suplício de esperar suplício.
— Para quem está esperando
   cada minuto vale um espinho.
— E, quando a espera é de martírio,
   vira uma pua cada espinho.

A GENTE NO LARGO:

— Esperar é viver num tempo
  em que o tempo foi suspendido.
— Mesmo sabendo o que se espera,
  na espera tensa ele é abolido.
— Se se quer que chegue ou que não,
  numa espera o tempo é abolido.
— E o tempo longo mais encurta
  o da vida, é como um suicídio.

O MEIRINHO:

— *Vai ser executada a sentença de morte natural na forca, proferida contra o réu Joaquim do Amor Divino Rabelo, Caneca.*

A GENTE NO LARGO:

— A morte é sempre natural,
  no que não crê esse meirinho.
— Quer se dê na cama ou na forca
  é natural, pois do organismo.
— Pode vir de dentro ou de fora,
  segundo a anedota ou o ocorrido.
— Só cabe anunciar é se ela
  virá do previsto ou imprevisto.

A GENTE NO LARGO:

— Cabe perguntar se tudo isso
  é de má-fé ou por equívoco.
  Todos têm medo de assumir
  entrar na desgraça do Rio.

— Ninguém assumindo essa morte,
 fingem carrascos insubmissos.
— Doze homens o vão fuzilar;
 pois ninguém o ousava sozinho.

A GENTE NO LARGO:

— Enforcar é festa de praça,
 ver fuzilar é para poucos.
— Será fuzilado na forca,
 num suplício híbrido e novo.
— Isso de morrer fuzilado
 não é só decoroso, é honroso.
— É que morrer de bala é nobre,
 embora substitua outro modo.

A GENTE NO LARGO:

— E, agora, como sairão dessa
 os que arrumaram seu martírio?
— Martírio não é só na forca,
 pode haver outros, e os de tiro.
— Dizque aí que já convocaram
 todo um pelotão aguerrido.
— Não se pode mais esperar
 o navio impontual do Rio.

A GENTE NO LARGO:

— Como ninguém quis enforcá-lo,
 chamaram soldados de linha.
— Cada um mais aposto, levando
 a amante exigente, a clavina.

— Pensam: mais que a guerra estrangeira
é a guerra ao pé, esquina a esquina.
— É muito fácil transformá-la,
de política, nessa que pilha.

Dois oficiais:

— Pois creio que esperar ainda
é coisa de todo impossível.
A gente que aguarda na praça
pode ser barril explosivo.
— Uma autoridade não pode
deixar-se assim desacatar,
ainda menos por réus de morte,
mortos, que não querem matar.
— O melhor foi mesmo pedir
à ilustre Junta Militar
pelotão da tropa de linha
que o venha aqui arcabuzar.
— A solução decerto é a única,
mas um problema vai criar:
a Caneca tirou-se a forca,
sendo um criminoso vulgar.

A gente no largo:

— A forca deve estar tristíssima,
vão fuzilá-lo a clavinote.
— A tropa vem com os utensílios
da arte de provocar a morte.
— Eis por que a forca está triste,
privada que foi de seu dote.

— Está triste, ainda mais corcunda,
de artritismo ou tuberculose.
— Mais, por ver que a tropa manobra
a seus pés, em filas de morte.
— E mais, porque ela foi privada
de seu prazer, e assim de chofre.
— Morte mecânica, industrial,
sem qualquer gosto pelo esporte.
— Luta de doze contra um só,
o que não é digno nem nobre.

A GENTE NO LARGO:

— Assim, não o podemos ver mais?
Quando o veremos estará morto?
— Ver, não. Ouviremos sua morte,
quem de todo ainda não está mouco.
— Nem o poderemos rever
nem mesmo quando estiver morto?
— Certo, não. Eles saberão
como escamotear o corpo.

A GENTE NO LARGO:

— Já não se sabe onde o levaram.
Foi conduzido à Fortaleza.
— Mas o que que terão lá dentro?
Vão trucidá-lo na capela?
— Como não chegou o carrasco,
matam-no de qualquer maneira.
— Deram-lhe veneno ou facada,
pois tiro levanta suspeitas.

A GENTE NO LARGO:

— Talvez o fizeram fugir
 saltando por porta travessa.
— Talvez o forçassem a fugir
 para atingi-lo na carreira.
— Não sei. Tiro de carabina
 subiria da Fortaleza.
— Se agora não o estão torturando,
 não lhe farão fazer a sesta.

A GENTE NO LARGO:

— Por que o chamam sempre Caneca
 se se chama mesmo é Rabelo?
— Frei Caneca é o filho maior
 de certo Rabelo tanoeiro;
 ao pai, por sua profissão,
 chama-o Caneca o povo inteiro.
 E o filho quando se ordenou
 quis levar a alcunha do velho.

A GENTE NO LARGO:

— Por que não deixou para um lado
 esse apelido de Caneca?
 Ser do Amor Divino era pouco
 para dignificar quem ele era?
— Não quis esconder que seu pai
 um simples operário era,
 nem mentir parecendo vir
 das grandes famílias da terra.

O meirinho:

— *Vai ser executada a sentença de morte natural por espingardeamento, proferida contra o réu Joaquim do Amor Divino Rabelo, Caneca.*

A gente no largo:

— Durante todo esse caminho
 percorrido pelo cortejo,
 se postavam pelos balcões
 senhoras curiosas de vê-lo;
 outras, na rua, desmaiavam
 ou mostravam seu desespero.
— Quem na rua, quem no balcão
 não rezam pelo mesmo terço.

A gente no largo:

— O cabido inteiro de Olinda
 e a mais gente de religião,
 cruz alçada, foram pedir
 que suspendessem a execução.
— Ouvi dizer que não moveram
 os forasteiros da Comissão;
 sequer entraram no palácio
 onde vivem, e sempre em sessão.

A gente no largo:

— Ser fuzilado é dignidade
 do militar, mais que castigo.

— Fuzilado assim, sem direito,
  recebe mais do que o pedido.
— Dizem que a forca reagiu,
  pegou estranho reumatismo.
— Perdeu a honra de enforcar
  de seus patrícios o mais digno.

A GENTE NO LARGO:
— A forca é a pena habitual
  para assassinos e bandidos.
— Assim, para mais humilhá-lo,
  foi condenado a tal suplício.
— Ser fuzilado é a pena digna
  do militar, mesmo insubmisso.
— Como ninguém quis enforcá-lo,
  na hora final foi promovido.

A GENTE NO LARGO:
— Não puderam não conceder-lhe
  essa honra de ser fuzilado.
— Foi mais bem por medo da gente
  que até aqui veio apoiá-lo.
— A gente se põe inquieta
  pela demora do espetáculo.
— A irritação pode crescer
  e então fazer por libertá-lo.

A GENTE NO LARGO:
— Não concebo outra explicação
  para que houvesse tanta espera.

— Decerto emissário do Rio
 deve ter chegado a esta terra.
— Quem dirá que neste momento
 o perdão não é posto em letra?
— Ou portaria que o condene
 somente à cadeia perpétua?

A GENTE NO LARGO:
— Lá ficaria toda a vida
 com a geometria e a aritmética.
— Sua vida poderia ser
 muito mais útil do que era.
— O Imperador dos brasileiros
 os escritores muito preza.
— Tardou o indulto mas chegou.
 É mais seguro vir por terra.

 (Aqui, descarga de espingardas.)

No pátio do Carmo

Um grupo no pátio:

— Fora de Portas, no santuário,
rezou todo o dia o Caneca.
— Acendeu a todos os santos,
de todos renovou as velas.
— A vizinhança o acompanhava
na casa que virou capela.
— Nem se lembrou da oficina
de tanoeiro, ao lado dela.

Mesmo grupo no pátio:

— Esperou, em todas as formas
do verbo esperar, nessa espera.
— Sua vista chegava mais longe
e nem parecia já velha.
— Sua vista chegava a Piedade,
saltando o Pina e a Barreta.
— O mar de todo indiferente
desembarcava ondas desertas.

Mesmo grupo no pátio:

— Esse mar, vacante e baldio,
é tudo que esse velho enxerga.

— E quando não estava rezando
  perscrutava o mar da janela.
— Ia para a beira do mar
  para ver melhor o que se acerca.
— Da casa para a praia, erradio,
  assim todo o dia navega.

MESMO GRUPO NO PÁTIO:

— Por vezes seu olhar fugia
  rumo à Campina do Taborda.
— Porém a vista não podia
  saltar camboas, casas, hortas.
— Seu ouvido é que mais se abria,
  se alongava naquela rota.
— Mas não sabia o que podia
  lhe vir de tão distante porta.

MESMO GRUPO NO PÁTIO:

— A todos os santos e santas,
  sem cansar, todo o dia reza.
— Reza também ao vento sul
  a ver se envia alguma vela.
— De pé, pela beira do mar,
  com toda a pele todo acesa.
— Está à espera do ar da brisa,
  do vento sul, de língua seca.

MESMO GRUPO NO PÁTIO:

— A vista de nada serviu,
  lado do sul, nenhum navio.

— Mas o ouvido, lado do Forte,
acusou o estalo de tiros.
— Não entendeu logo o que era:
é surda a forca e seus ruídos.
— Enfim entendeu: fora a bala
que dera cabo de seu filho.

MESMO GRUPO NO PÁTIO:

— Ele nada diz, quando entende
o que foi a fuzilaria.
— Nada diz, mas sai da janela,
entra no quarto-santaria.
— Atira as flores para o lixo,
apaga as velas que ainda ardiam.
— Traz uma primeira braçada
dos santos que há tanto nutria.

MESMO GRUPO NO PÁTIO:

— Mais outras se vão sucedendo
(era freqüentado esse asilo).
— Sobre o peitoril da janela
enfileirou o pelotão pio.
— Pelo pescoço, santo a santo
joga no mar, ainda vazio.
— Muitos deles não se afundaram,
boiaram, míseros navios.

CINEMA NO PÁTIO

Quatro calcetas com duas tábuas ao ombro, nas quais se pode distinguir o corpo de um homem deitado, dirigem-se à porta principal da Basílica do Carmo, e deixam cair no chão, grosseiramente, o corpo que traziam. Batem na porta, aos pontapés, e vão embora, sem esperar. A porta da igreja se abre pesadamente e aparece o vulto de um sacerdote que arrasta para dentro da nave o corpo atirado nos degraus da escada. A porta se fecha, e a noite prossegue, também pesadamente.

Quito, 1981
Tegucigalpa, 1983

APÊNDICES

Cronologia

1920 – Filho de Luiz Antônio Cabral de Melo e de Carmem Carneiro-Leão Cabral de Melo, nasce, no Recife, João Cabral de Melo Neto.

1930 – Depois de passar a infância nos municípios de São Lourenço da Mata e Moreno, volta para o Recife.

1935 – Obtém destaque no time juvenil de futebol do Santa Cruz Futebol Clube. Logo, porém, abandona a carreira de atleta.

1942 – Em edição particular, publica seu primeiro livro, *Pedra do sono*.

1945 – Publica *O engenheiro*. No mesmo ano, ingressa no Itamaraty.

1947 – Muda-se, a serviço do Itamaraty, para Barcelona, lugar decisivo para a sua obra. Compra uma tipografia manual e imprime, desde então, textos de autores brasileiros e espanhóis. Nesse mesmo ano trava contato com os espanhóis Joan Brossa e Antoni Tàpies.

1950 – Publica *O cão sem plumas*. Em Barcelona, as Editions de l'Oc publicam o ensaio *Joan Miró*, com gravuras originais do pintor. O Itamaraty o transfere para Londres.

1952 – Sai no Brasil, em edição dos *Cadernos de cultura do MEC*, o ensaio *Joan Miró*. É acusado de subversão e retorna ao Brasil.

1953 – O inquérito é arquivado.

1954 – *O rio*, redigido no ano anterior, recebe o Prêmio José de Anchieta, concedido pela Comissão do IV Centenário de São Paulo, que também imprime uma edição do texto. A Editora Orfeu publica uma edição de seus *Poemas reunidos*. Retorna às funções diplomáticas.

1955 – Recebe, da Academia Brasileira de Letras, o Prêmio Olavo Bilac.

1956 – Sai, pela Editora José Olympio, *Duas águas*. Além dos livros anteriores, o volume contém *Paisagens com figuras*, *Uma faca só lâmina* e *Morte e vida severina*. Volta a residir na Espanha.

1958 – É transferido para Marselha, França.

1960 – Em Lisboa, publica *Quaderna* e, em Madri, *Dois parlamentos*. Retorna para a Espanha, trabalhando agora em Madri.

1961 – Reunindo *Quaderna* e *Dois parlamentos*, junto com o inédito *Serial*, a Editora do Autor publica *Terceira feira*.

1964 – É nomeado um dos representantes da delegação brasileira nas Nações Unidas, em Genebra.

1966 – Com música de Chico Buarque de Holanda, o Teatro da Universidade Católica de São Paulo (Tuca) monta *Morte e vida severina*, com estrondoso sucesso. A peça é encenada em diversas cidades brasileiras e, depois, em Portugal e na França. Publica *A educação pela pedra*, que recebe vários prêmios, entre eles o Jabuti. O Itamaraty o transfere para Berna.

1968 – A Editora Sabiá publica a primeira edição de suas *Poesias completas*. É eleito, na vaga deixada por Assis Chateaubriand, para ocupar a cadeira 37 da Academia Brasileira de Letras. Retorna para Barcelona.

1969 – Com recepção de José Américo de Almeida, toma posse na Academia Brasileira de Letras. É transferido para Assunção, no Paraguai.

1972 – É nomeado embaixador no Senegal, África.

1975 – A Associação Paulista de Críticos de Arte lhe concede o Grande Prêmio de Crítica. Publica *Museu de tudo*.

1980 – Publica *A escola das facas*.

1981 – É transferido para a embaixada de Honduras.

1984 – Publica *Auto do frade*.

1985 – Publica *Agrestes*.

1986 – Assume o Consulado-Geral no Porto, Portugal.

1987 – No mesmo ano, recebe o prêmio da União Brasileira de Escritores e publica *Crime na calle Relator*. Retorna ao Brasil.

1988 – Publica *Museu de tudo e depois*.

1990 – Aposenta-se do Itamaraty. Publica *Sevilha andando* e recebe, em Lisboa, o Prêmio Luís de Camões.

1992 – Em Sevilha, na Exposição do IV Centenário da Descoberta da América é distribuída a antologia *Poemas sevilhanos*, especialmente preparada para a ocasião. A Universidade de Oklahoma lhe concede o Neustadt International Prize.

1994 – São publicadas, em um único volume, suas *Obras completas*. Recebe na Espanha o Prêmio Rainha Sofia de Poesia Ibero-Americana, pelo conjunto da obra.

1996 – O Instituto Moreira Salles inaugura os *Cadernos de literatura brasileira* com um número sobre o poeta.

1999 – João Cabral de Melo Neto falece no Rio de Janeiro.

(Fontes: Melo Neto, João Cabral. *Poesia completa e prosa*. Rio de Janeiro: Nova Aguilar, 2008; *Cadernos de literatura brasileira*. Instituto Moreira Salles. nº 1, março de 1996; Castello, José. *João Cabral de Melo Neto: O homem sem alma & Diário de tudo*. Rio de Janeiro: Bertrand Brasil, 2006; Academia Brasileira de Letras; Fundação Joaquim Nabuco.)

Bibliografia do autor

POESIA

Livros avulsos

Pedra do sono. Recife: edição do autor, 1942. [sem numeração de páginas.] Tiragem de 300 exemplares, mais 40 em papel especial.

Os três mal-amados. Rio de Janeiro: Revista do Brasil, nº 56, dezembro de 1943. p. 64-71.

O engenheiro. Rio de Janeiro: Amigos da Poesia, 1945. 55 p.

Psicologia da composição com *A fábula de Anfion* e *Antiode.* Barcelona: O Livro Inconsútil, 1947. 55 p. Tiragem restrita, não especificada, mais 15 em papel especial.

O cão sem plumas. Barcelona: O Livro Inconsútil, 1950. 41 p. Tiragem restrita, não especificada.

O rio ou *Relação da viagem que faz o Capibaribe de sua nascente à cidade do Recife.* São Paulo: Edição da Comissão do IV Centenário de São Paulo, 1954. [s.n.p.]

Quaderna. Lisboa: Guimarães Editores, 1960. 113 p.

Dois parlamentos. Madri: edição do autor, 1961. [s.n.p.] Tiragem de 200 exemplares.

A educação pela pedra. Rio de Janeiro: Editora do Autor, 1966. 111 p.

Museu de tudo. Rio de Janeiro: José Olympio, 1975. 96 p.

A escola das facas. Rio de Janeiro: José Olympio, 1980. 94 p.

Auto do frade. Rio de Janeiro: José Olympio, 1984. 87 p.

Agrestes. Rio de Janeiro: Nova Fronteira, 1985. 160 p. Além da convencional, houve tiragem de 500 exemplares em papel especial.

Crime na calle Relator. Rio de Janeiro: Nova Fronteira, 1987. 82 p.

Sevilha andando. Rio de Janeiro: Nova Fronteira, 1989. 84 p.

Primeiros poemas. Rio de Janeiro: Faculdade de Letras da UFRJ, 1990. 46 p. Tiragem de 500 exemplares.

Obras reunidas

Poemas reunidos. Rio de Janeiro: Orfeu, 1954. 126 p.

Duas águas. Rio de Janeiro: José Olympio, 1956. 270 p. Inclui em primeira edição *Morte e vida severina*, *Paisagens com figuras* e *Uma faca só lâmina*. Além da convencional, houve tiragem de 20 exemplares em papel especial.

Terceira feira. Rio de Janeiro: Editora do Autor, 1961. 214 p. Inclui em primeira edição *Serial*.

Poesias completas. Rio de Janeiro: Sabiá, 1968. 385 p.

Poesia completa. Lisboa: Imprensa Nacional/ Casa da Moeda, 1986. 452 p.

Museu de tudo e depois (1967-1987). Rio de Janeiro: Nova Fronteira, 1988. 339 p.

Obra completa. Rio de Janeiro: Nova Aguilar, 1994. Inclui em primeira edição *Andando Sevilha*. 836 p.

Serial e antes. Rio de Janeiro: Nova Fronteira, 1997. 325 p.

A educação pela pedra e depois. Rio de Janeiro: Nova Fronteira, 1997. 385 p.

O cão sem plumas. Rio de Janeiro: Objetiva, 2007, 204 p. Inclui *Pedra do sono, Os três mal-amados, O engenheiro, Psicologia da composição* e *O cão sem plumas*.

Morte e vida severina. Rio de Janeiro: Objetiva, 2007, 176 p. Inclui *O rio, Morte e vida severina, Paisagens com figuras* e *Uma faca só lâmina*.

A educação pela pedra. Rio de Janeiro: Objetiva, 2008, 298 p. Inclui *Quaderna, Dois parlamentos, Serial* e *A educação pela pedra*.

Poesia completa e prosa. Rio de Janeiro: Nova Aguilar, 2008. 820 p.

Antologias

Poemas escolhidos. Lisboa: Portugália Editora, 1963. 273 p. Seleção de Alexandre O'Neil.

Antologia poética. Rio de Janeiro: Editora do Autor, 1965. 190 p.

Morte e vida severina e outros poemas em voz alta. Rio de Janeiro: Editora do Autor, 1966. 153 p.

Literatura comentada. São Paulo: Abril Educação, 1982. 112 p. Seleção de José Fulaneti de Nadai.

Poesia crítica. Rio de Janeiro: José Olympio, 1982. 125 p.

Melhores poemas. São Paulo: Global, 1985. 231 p. Seleção de Antonio Carlos Secchin.

Poemas pernambucanos. Rio de Janeiro: Nova Fronteira/Centro Cultural José Mariano, 1988. 217 p.

Poemas sevilhanos. Rio de Janeiro: Nova Fronteira, 1992. 219 p.

Entre o sertão e Sevilha. Rio de Janeiro: Ediouro, 1997. 109 p. Seleção de Maura Sardinha.

O artista inconfessável. Rio de Janeiro: Objetiva, 2007, 200 p.

PROSA

Considerações sobre o poeta dormindo. Recife: Renovação, 1941. [s.n.p.]

Joan Miró. Barcelona: Editions de l'Oc, 1950. 51 p. Tiragem de 130 exemplares. Com gravuras originais de Joan Miró.

Aniki Bobó. Recife: s/editor, 1958. Ilustrações de Aloisio Magalhães. [s.n.p.] Tiragem de 30 exemplares.

O Arquivo das Índias e o Brasil. Rio de Janeiro: Ministério das Relações Exteriores, 1966. 779 p. Pesquisa histórica.

Guararapes. Recife: Secretaria de Cultura e Esportes, 1981. 11 p.

Poesia e composição. Conferência realizada na Biblioteca Municipal Mário de Andrade, de São Paulo, em 1952. Coimbra: Fenda Edições, 1982. 18 p. Tiragem de 500 exemplares.

Idéias fixas. Rio de Janeiro: Nova Fronteira/FBN; Mogi das Cruzes, SP: UMC, 1998. 151 p. Org. Félix de Athayde.

Prosa. Rio de Janeiro: Nova Fronteira, 1998. 139 p.

Correspondência de Cabral com Bandeira e Drummond. Rio de Janeiro: Nova Fronteira/Casa de Rui Barbosa, 2001. 319 p. Org. Flora Süssekind.

Bibliografia selecionada sobre o autor

ATHAYDE, Félix de. *A viagem* (ou *Itinerário intelectual que fez João Cabral de Melo Neto do racionalismo ao materialismo dialético)*. Rio de Janeiro: Nova Fronteira/Fundação Biblioteca Nacional, 2000. 111 p.

BARBIERI, Ivo. *Geometria da composição*. Rio de Janeiro: Sette Letras, 1997. 143 p.

BARBOSA, João Alexandre. *A imitação da forma: uma leitura de João Cabral de Melo Neto*. São Paulo: Duas Cidades, 1975. 229 p.

_____. *João Cabral de Melo Neto*. São Paulo: PubliFolha, 2001. 112 p.

BRASIL, Assis. *Manuel e João*. Rio de Janeiro: Imago, 1990. 270 p.

CAMPOS, Maria do Carmo, org. *João Cabral em perspectiva*. Porto Alegre: Editora da UFRG, 1995. 198 p.

CARONE, Modesto. *A poética do silêncio*. São Paulo: Perspectiva, 1979. 128 p.

CASTELLO, José. *João Cabral de Melo Neto: o homem sem alma & Diário de tudo*. Rio de Janeiro: Bertrand Brasil, 2005. 269 p.

COUTINHO, Edilberto. *Cabral no Recife e na memória*. Recife: Suplemento Cultural do *Diário Oficial*, 1997. 33 p.

CRESPO, Angel, e GOMEZ Bedate, Pilar. *Realidad y forma en la poesía de Cabral de Melo*. Madri: Revista de Cultura Brasileña, 1964. 69 p.

ESCOREL, Lauro. *A pedra e o rio*. 2ª ed. Rio de Janeiro: Academia Brasileira de Letras, 2001, 141 p.

GONÇALVES, Aguinaldo. *Transição e permanência. Miró/ João Cabral: da tela ao texto*. São Paulo: Iluminuras, 1989. 183 p.

LIMA, Luiz Costa. *Lira e antilira – Mário, Drummond, Cabral*. 2ª ed. Rio de Janeiro: Topbooks, 1995. 335 p.

LOBO, Danilo. *O poema e o quadro: o picturalismo na obra de João Cabral de Melo Neto*. Brasília: Thesaurus, 1981. 157 p.

LUCAS, Fábio. *O poeta e a mídia*. Carlos Drummond de Andrade e João Cabral de Melo Neto. São Paulo: SENAC, 2003. 143 p.

MAMEDE, Zila. *Civil geometria*. Bibliografia crítica, analítica e anotada de João Cabral de Melo Neto. São Paulo: Livraria Nobel/EDUSP, 1987. 524 p.

MARTELO, Rosa Maria. *Estrutura e transposição*. Porto: Fundação Eng. António de Almeida, 1989. 138 p.

NUNES, Benedito. *João Cabral: a máquina do poema*. Brasília: Editora Universidade de Brasília, 2007. 173 p.

_____. *João Cabral de Melo Neto*. Petrópolis: Vozes, 1971. 217 p.

PEIXOTO, Marta. *Poesia com coisas: uma leitura de João Cabral de Melo Neto*. São Paulo: Perspectiva, 1983. 215 p.

PEIXOTO, Níobe Abreu. *João Cabral e o poema dramático:* Auto do frade, *poema para vozes*. São Paulo: Annablume/ FAPESP, 2001. 150 p.

SAMPAIO, Maria Lúcia Pinheiro. *Processos retóricos na obra de João Cabral de Melo Neto*. São Paulo: HUCITEC, 1980. 168 p.

SECCHIN, Antonio Carlos. *João Cabral: a poesia do menos e outros ensaios cabralinos*. 2ª ed., rev. e ampliada. Rio de Janeiro/São Paulo: Topbooks/Universidade de Mogi das Cruzes, 1999. 333 p.

SENNA, Marta de. *João Cabral: tempo e memória*. Rio de Janeiro: Antares, 1980. 209 p.

SOARES, Angélica Maria Santos. *O poema: construção às avessas: uma leitura de João Cabral de Melo Neto*. Rio de Janeiro: Tempo Brasileiro, 1978. 86 p.

SOUZA, Helton Gonçalves de. *A poesia crítica de João Cabral de Melo Neto*. São Paulo: Annablume, 1999. 220 p.

_____. *Dialogramas concretos*. Uma leitura comparativa das poéticas de João Cabral de Melo Neto e Augusto de Campos. São Paulo: Annablume, 2004. 276 p.

VÁRIOS. *The Rigors of Necessity*. Oklahoma: World Literature Today, The University of Oklahoma, 1992. p. 559-678.

VÁRIOS. *Dossiê João Cabral*. Revista Range Rede, nº 0. Rio de Janeiro: Grupo de Estudos Literários Palavra Palavra, 1995. 80 p.

VÁRIOS. *João Cabral de Melo Neto*. Cadernos de Literatura nº 1. Rio de Janeiro: Instituto Moreira Salles, 1996. 131 p.

VÁRIOS. *Paisagem tipográfica*. Homenagem a João Cabral de Melo Neto. Lisboa: Colóquio/Letras 157/158, julho-dezembro de 2000. 462 p.

VERNIERI, Susana. *O Capibaribe de João Cabral em O cão sem plumas e O rio: Duas águas?*. São Paulo: Annablume, 1999. 195 p.

TAVARES, Maria Andresen de Sousa. *Poesia e pensamento*. Wallace Stevens, Francis Ponge, João Cabral de Melo Neto. Lisboa: Caminho, 2001. 383 p.

TENÓRIO, Waldecy. *A bailadora andaluza*: a explosão do sagrado na poesia de João Cabral. São Paulo: Ateliê Editorial, 1996. 178 p.

Índice de títulos

- 79   A cana e o século dezoito
- 59   A cana-de-açúcar menina
- 66   A Carlos Pena Filho
- 50   A escola das facas
- 98   A imaginação do pouco
- 34   *A pedra do reino*
- 33   A voz do canavial
- 47   A voz do coqueiral
- 70   Abreu e Lima
- 37   Antonio de Moraes Silva
- 88   Ao novo Recife
- 63   As facas pernambucanas
- 55   As frutas de Pernambuco
- 68   Autobiografia de um só dia
- 101   Autocrítica
- 56   Barra do Sirinhaém
- 97   Cais pescador
- 48   Cento-e-Sete
- 51   Chuvas do Recife
- 100   De volta ao Cabo de Santo Agostinho

83	Descoberta da literatura
41	Descrição de Pernambuco como um trampolim
92	Dois poemas de Paudalho
32	Duelo à pernambucana
40	Forte de Orange, Itamaracá
39	Fotografia do Engenho Timbó
30	Horácio
58	Imitação de Cícero Dias
91	Joaquim Cardozo na Europa
29	Menino de engenho
80	Moenda de usina
71	Na morte de Joaquim Cardozo
36	O Engenho Moreno
46	O fogo no canavial
94	O mercado a que os rios
27	*O que se diz ao editor a propósito de poemas*
65	O Teatro Santa Isabel do Recife
89	Olinda em Paris
53	Olinda *revisited*
82	Pratos rasos
74	Prosas da maré na Jaqueira
87	Siá Maria Boca-de-Cravo
60	Tio e sobrinho
85	Um poeta pernambucano
72	Vicente Yáñez Pinzón

Índice de primeiros versos

29 A cana cortada é uma foice.
79 A cana-de-açúcar, tão mais velha
59 A cana-de-açúcar, tão pura,
46 A imagem mais viva do inferno.
94 A maior praça do Recife
40 A pedra bruta da guerra,
97 A praia de pesca do Pina
70 Ao capitão Abreu e Lima
39 Casas-grandes quase senzalas,
48 Cento-e-Sete era um agregado
58 Cícero Dias, quando foi
80 Clássica, a cana se renega
41 Cortaram Pernambuco
71 Creio que Joyce é que dizia
27 *Eis mais um livro (fio que o último)*
91 Ele foi um dos recifenses
72 Ele o primeiro a vê-lo, e a vir,
88 Embora não me sinta o direito
36 Essa casa que hospedou,
92 Estar agora em Paudalho,

34	Foi bem saber-se que o Sertão
37	Fui conhecer Muribeca,
32	Já não há mais sair da morte
74	Maré do Capibaribe,
65	Melhor que a música e a oratória,
89	Na ilha antiga de São Luís,
85	Natividade Saldanha
83	No dia-a-dia do engenho,
68	No Engenho do Poço não nasci:
50	O alísio ao chegar ao Nordeste
30	O bêbado cabal.
63	O Brasil, qualquer Brasil,
47	O coqueiral tem seu idioma:
82	O prato raso que é o Recife
60	Onde a Mata bem penteada
55	Pernambuco, tão masculino,
53	Poucas cidades ainda
56	Se alguém se deixa, se deita,
51	Sei que a chuva não quebra osso,
100	Sem a luz não se explicaria
98	Siá Floripes veio do Poço
87	Siá Maria Boca-de-Cravo,
101	Só duas coisas conseguiram
66	Todos os verdes que há no verde
33	Voz sem saliva da cigarra,

ALFAGUARA

Copyright © by herdeiros de João Cabral de Melo Neto
Todos os direitos desta edição reservados à
Editora Objetiva Ltda.
Rua Cosme Velho, 103
Rio de Janeiro — RJ — Cep: 22241-090
Tel.: (21) 2199-7824 — Fax: (21) 2199-7825
www.objetiva.com.br

Capa e projeto gráfico
Mariana Newlands

Foto de capa
Paulo Fridman/Corbis/LatinStock

Estabelecimento do texto e bibliografia
Antonio Carlos Secchin

Revisão
Sônia Peçanha
Ana Grillo

Editoração eletrônica
Abreu's System Ltda.

CIP-BRASIL. CATALOGAÇÃO-NA-FONTE
SINDICATO NACIONAL DOS EDITORES DE LIVROS, RJ.

M486e
    Melo Neto, João Cabral de
        A escola das facas e Auto do frade / João Cabral de Melo Neto ; [estabelecimento de texto e bibliografia Antonio Carlos Secchin]. Rio de Janeiro : Objetiva, 2008.

    196p.   ISBN 978-85-60281-56-5

    Inclui bibliografia e índice

        1. Melo Neto, João Cabral de, 1920-1999. Auto do frade. 2. Poesia brasileira. I. Secchin, Antonio Carlos, 1952-. II. Título.

08-3061.   CDD: 869.91
                                                  CDU: 821.134.3(81)-1

Este livro foi impresso na
LIS GRÁFICA E EDITORA LTDA.
Rua Felício Antônio Alves, 370 – Bonsucesso
CEP 07175-450 – Guarulhos – SP – Fax: (11) 3382-0778
Fone: (11) 3382-0777 – e-mail: lisgrafica@lisgrafica.com.br